文春文庫

怪談和尚の京都怪奇譚

三木大雲

目次

はじめに　6
第一章　恐怖　9
第二章　怨霊　31
第三章　輪廻　59
第四章　邪気　97
第五章　冥界　122
第六章　京の闇　149
あとがき　172

この作品は文庫版のための書き下ろしです
本文イラストレーション　ふじわら　かずえ
編集協力・メディアプレス

怪談和尚の　京都怪奇譚

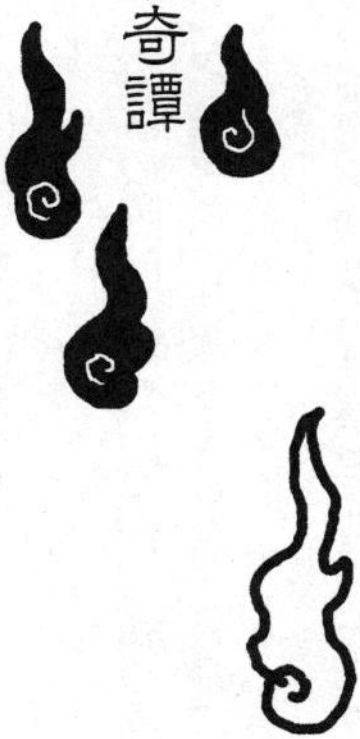

はじめに

今から三十年ほど前の夏の夜。

扇風機もなく、蒸し暑い日でした。

私の家は京都のお寺で、夜になると不思議な静けさに包まれていました。

タオルケット一枚を胸に掛け、両足を出して寝ていました。

「足が欲しい」

耳元で誰かのつぶやく声がしました。次の瞬間、冷たい手が、私の両足首を摑んで、「ズルズルッ」と引っ張るのです。枕から頭がずり落ちました。すぐに足元を見ると、そこには誰もいませんでした。

これは私が幼い頃、初めて体験した不可思議な出来事です。「お化けには足がないから欲しかったのかな」幼い私はそんな風に思っていました。

二回目の体験もこの頃でした。

私が育ったお寺は、庭に面してトイレがありました。夜、一人でトイレに行き、部屋に帰ろうとした時、ライオンかと思うくらいに大きな猫が、庭から私を見ていました。灰色の眼をして無表情にじっと私のことを見ているのです。いつ飛びかかってくるかと不気味で、廊下をかけだしました。心臓の音がバクバクと鳴っていたのを覚えています。

ですから、子供の頃は、何より猫が怖くて、近づくことさえ出来ませんでした。今となっては、夢だったのか、現実だったのかは、定かではありません。

私は、東京の仏教系大学を卒業後、いろいろなお寺で修行を積んでいました。お寺の次男に生まれた私には、継ぐ寺がありません。そこで、もっぱら仏教の布教を夜の公園で行っていました。相手は、そこにたむろする若者だったり、暴走族の子たちでした。最初から仏教の話をしても聞いてもらえませんから、最初は怪談話ばかり語っていました。

「怖～い話をしてあげるよ」

と言うと、関心を持った彼らは、私の周りに集まってきました。

そのうち、彼らから相談を受けるようになり、今では、一緒にお経を唱えるようになりました。

そんな布教をしているうちに、縁あって、日蓮宗光照山蓮久寺の住職になりました。京都には、多くの不可思議な言い伝えや伝説が今なお数多く残るせいなのか、不可思議な相談を受けたり、経験をしたりするようになりました。そのいくつかをこの本にも書きました。

やがて、怪談の語り部として、テレビやラジオにも出るようになったのです。

しかし、お坊さんが怪談話をすることに、批判も多く頂いております。それでもまだ、私が怪談を語るのには、一つの理由があるのです。

それは、目に見えない不可思議な出来事を信じられなくなった世界というのは、無味乾燥な世界になってしまうのではないかという危惧があるからです。もちろん不確かな情報に振り回されることは危険なことです。しかしながら、全く否定してしまうのも間違っているのではないでしょうか。

人間は死んだら無になるという考え方は、先祖に対する供養や、葬儀のあり方までも変えてしまい、やがては仏教思想そのものも無くなってしまうのではないかと思うのです。私が布教してきた若者たちが、現在お寺に集うのは、ただ霊というものに執着しているからでは決してありません。目に見えない世界から、今生きている世界を見始めたからなのです。

ここに書かれている京都怪奇譚を信じるも信じないもご自由です。ただ、読んでいただければ、もしかするとあなたの生き方や考え方、そして死生観が変わるかもしれません。

第一章　恐怖

仏教に、「色即是空　空即是色」という言葉があります。「色」を簡単にいうと、目に見えるものです。「空」とは見えないものです。言い換えると「見えるものは即ち見えない。見えないものは即ち見える」ということです。さらに言い換えると「有るけれど無い。無いけれど有る」ということです。「心」は皆さん持っておられると思いますが、見せてほしいといわれると見せることが出来ない。即ち無いのです。しかし、心が無いかと聞かれると、有ります。

現代社会では、見えないものは即ち無いと考えがちですが、見えないものから見えるものが生まれています。ですから、見えないものを大切にしなければ決して良いものは生まれてきません。また、見えるものから、見えないものを感じることで、その物の大切さを忘れないようにしなければいけないのです。

人間も、死んだら何も無くなるのではなく、見えなくなりますが、その存在

――は、決して無にはならないのではないでしょうか。――

オレオレ詐欺

ある親子が、相談したいことがあるとお寺を訪ねて来られました。

「息子のことでご相談したいことがあるのですが」と、母親は、憔悴しきった様子で言われました。

話によれば、息子さんは、オレオレ詐欺の犯人として逮捕されていたが、最近やっと出所したとのことでした。

私のお寺には、非行に走る子供とどう接すればいいのかという親からの相談がよくあります。しかし今回の相談は、そんな内容とは違い、かなり異質なものだったのです。

ここから先は、本人から直接聞いた話です。

「自分は、詐欺をするにあたり、まず田舎に行き電話帳を手に入れました。親が田舎に住んでいる若者は、仕事の関係で親元を離れている確率が高いんです。子が同居しているとこの手の詐欺は成功しにくいですから。

そして電話先で息子になりすまし、何軒かに電話をかけました。その中の一軒が、簡単に作戦にはまり、その日の内に、三百万円もの大金を振り込んできたんです。

大金を手にした俺は、一人暮らしのアパートに帰り、ビールで祝杯を挙げていました。

その時たまたまつけていたテレビで、ある強盗事件のニュースを目にしたんです。
○○県○○町で、刃物を持った女が、家に押し入り、住人を刺し殺し、三百万円を強盗したというものでした。
その町に住む女が指名手配されたと言っていました。

その後、女は自宅に帰り、自分の持っていた刃物で首を切り、自殺していたそうです。

俺はこの時、ニュースを見て犯人のことを小馬鹿にしていました。自分は同じ三百万円を手にしたけど、誰一人殺していない。自分には才能があると思っていました。でもここである事実に気がついたんです。

強盗事件があったのが、○○県○○町。自分が電話した所と同じ場所でした。しかも、強奪された金額が三百万円。振り込まれた金額も同じ三百万円。犯人は女性。電話先の相手も女性でした。

ここまできて、自分は恐怖を感じました。そして、自分が殺したわけではない。自分は悪くない。初めて感じる罪悪感を振り払おうと、酒をたらふく飲んで布団に入りました。

どのくらい時間が経ったか分かりませんが、夜中にいきなり誰かが、アパートのドアを激しく叩く音がしました。

直感で、警察だと思いましたが、不思議に逃げようとは思いませんでした。酒をかなり飲んでいたので、ドアまで行って開ける気力がなく、まだ布団をかぶって寝ていました。そうしたら、大きな音がしてドアが開くのがわかりました。警察がドアを破って入ってきたかと、何故か冷静に感じていました。

誰かが『警察だ』と叫んだように聞こえました。自分は観念して、布団の上にゆっくりと座って両手を差し出しました。そうしたら、冷たい手が私の両手をきつく握りました。その時初めて顔を挙げて、警察官の顔を見ました」

ここまで話をした彼は、突然私の方に青白い顔を近づけて、小声でつぶやくようにこう言いました。

「警察官じゃなかったんですよ。首が半分まで切れて、頭が落ちそうに傾いている女の人だったんです。そして、大きな声で、『ゆるさないからな』って言ったんです」

彼は私に訴えるようにそう言いました。

その日以来、彼は毎晩この時の夢を見てうなされると言います。

亡くなられた女性の供養はしましたが、現在、彼は病院に入院しており、今も女性の亡霊に恐怖しているということです。

アルバイト

「私に何か憑《つ》いてませんか」

　こういう質問をよくされます。しかし私は、テレビに出ているような霊能力者と違い、見たいときに霊を見られるわけではありません。むしろ、「見ようとしていないのに見えてしまうときがある」という表現が正確なように思います。

　私だけではなく、彼もその一人だったのです。

　私のお寺では、毎月第一日曜日に、仏教の勉強会をしております。彼は、いつも来ていたのですが、ある時から、まったく姿を見せなくなりました。

　大学生の一人暮らしですから、何かあったのではと心配になり、彼の住むアパートに行きました。部屋を訪れると、彼はやつれた姿で私を迎えてくれました。

「少し見ないうちにずいぶん痩せたね。ちゃんと食事は摂ってるの」

「ええ、ちゃんと食べてますよ。ただ最近バイトが忙しくて」

　そう言って彼は、私を部屋の中に招き入れてくれました。

今日はまだ時間があるというので、彼が始めたバイトについて聞いてみました。すると、それはかなり変わったものでした。

彼は、漫画家になることを目標にしているので、時間があるときは、風景や人の絵を描きに、近くの公園に行くそうです。いつものように、公園の様子を描いていると、その絵を見た、一人の男性から声を掛けられたそうです。

その男性は、彼の描いた絵を指さしながら、「このブランコに座っている女の子は誰なの」と、聞いてきたそうです。

「この子は、今ブランコに乗っている子供ですが、何か」

不思議なことを聞いてくる人だと思いながらも、そう答えたそうです。

すると男性は、「素晴らしい。君には才能があるよ」と褒めてくれたのです。そればかりか、「ウチに絵を描くバイトに来て欲しい」と誘われたらしいのです。彼にとって、自分の描いた絵を褒められることは、何よりも嬉しいことで、「是非お願いします」と言って、そのバイトを引き受けたということでした。

バイトの条件は、時給千二百円という高額で、古びてはいるが一軒家を貸し切り、そこで部屋の様子を絵にするというものだそうです。バイトの時間はどういう理由からか、夜の九時から朝の五時まで。しかし、どんな条件でも、絵を描いて収入になるならと、早速、次の日からバイトを始めたそうです。

「それは良かったね」と言いながら、彼が描いたという絵を見せてもらいました。それを見て私は、体中に鳥肌が立ちました。なぜならそれは、実に異様なものだったからです。

私は、恐怖を押し殺して、彼が通っているという家を訪ねることにしました。

その建物は、かなり傷んではいるものの、人が住めないといった感じではありませんでした。鍵を持っているわけではないので、中を見ることは出来ません。しかし、玄関の扉の前まで来ると「絶対に入ってはいけない」と、人間の持つ危険回避本能が、そう言っているように感じました。私は、すぐにそこを離れました。

次に、彼の雇い主のいる住所に行ってみることにしました。するとそこは不動産会社でした。私は中に入り、彼の雇い主に直接会い、話をすることにしました。

雇い主は、この不動産会社の社長で、私がその家のことについて聞くのを嫌がっていましたが、名刺を差し出したとたん、彼の態度は一変しました。

「お坊さんでしたか。それでは仕方ないですね。すべてをお話ししましょう」

そう言って、今回のバイトの本当の目的について話し出しました。その目的は、二つあると言うのです。

実は、あの家で最近、おばあさんが首つり自殺をされたというのです。そして、法律により、次の借り手には、その事実を話さなくてはいけない義務があるということでした。

しかし、誰かがいったん借りれば、その次の借り主からは、その事実を話さなくて良いということになっているそうです。

そこで、バイトとして彼を雇い、その家を彼が借りたことにして、次の借り主を探す手はずだったようです。

もう一つの目的は、社長にとっても意図していなかったようですが、たまたま公園を散歩していると、彼が絵を描いていた。絵を見ると、そこにはいないはずの人が描かれていたので、彼に尋ねると、そこに見えていると答えた。これは霊感の持ち主だと思い、雇ったというわけです。なぜ霊感の持ち主が良かったのかというと、次の借り主がお化けを見たと騒ぐと困るので、お化けが家から去るのを彼の描く絵を見て判断しようと思っていたと言うのです。

社長は、彼にすべてを話し、バイトを辞めさせることを約束してくれました。私は、安心して、その不動産会社を後にしようとしたとき、社長が気まずそうに聞いてきました。

「あの、どうしておかしいとわかったのですか」

「それは、彼があの家で描いた絵を見せてくれたからです。あの絵には、首を吊ってこちらを見ているおばあさんの姿が描かれていましたからね。彼には、見ようとしていないのに見えてしまっていたようです」

後日、バイト先をなくした彼が、お寺を訪ねて来ました。

彼は、「あとから、あの家で描いた絵を見て、自分でもびっくりしたんです」と言っていました。あの家でのことが、ほとんど記憶にないということでした。

行方不明

日本では一年間に、約十万人以上の行方不明者があるといわれています。この中には、自らの意志で家出した人もいるようですが、もちろんそうでない人も多数おられるわけです。今回はそんな、自分の意志とは関係なく、行方不明事件になってしまった人のお話です。

小学六年生になる伸明君が午後七時をまわっても帰ってこないので、心配に思った両親がクラス中の家に電話を掛けられたそうです。しかし何処にもいないというので、警察に捜索願いを出されました。その後しばらくして、警察から子供の自転車を発見したという知らせが入ったので、両親はすぐに現場へ駆けつけました。

自転車が見つかったのは、住宅街から少し離れた場所にある一軒の家の前でした。実はこの家では最近、妻と子供を殺し自分も首つり自殺をするという一家無理心中事件があったばかりでした。事件後、その家には、立ち入り禁止と書かれたテープが巻かれていたそうです。警察は、その付近をくまなく捜索されたそうですが、手がかりになるようなものは見つかりませんでした。

次の日、両親は朝早く警察署に呼ばれました。そこには、伸明君の友達二人が、来ており、二人共「ごめんなさい」と言いながら泣いていたそうです。

そして、警察の方が、「伸明君の昨日の様子が少しわかりました」と言われたそうです。

事件の当日、伸明君は、友達二人と遊んでいました。そして、一家心中のあった家の話を知り、三人は肝試しに行ってみようと、自転車でそこまで行ったようです。その家の前に着くと自転車を止め、立ち入り禁止のテープを潜り、三人一緒に家の中に入ったそうです。そこで、伸明君が「誰が一番勇気があるか試そう」そう言い出したらしいのです。

友達二人は、「怖いからやめようよ」と言ったそうですが、「俺が見本を見せてやる」と言って、天井からぶら下がっていたロープにつかまり、勢いよく揺れはじめたというのです。そのとき、伸明君の足が近くにあった仏壇に当たり、中に置いてあったお位牌が倒れ出てきたので、びっくりして二人は外に出ました。しかし、伸明君だけが出てこないので外から伸明君を何度も呼んだのですが、出てくる気配はなく、怖くなって、二人は自転車でその場を離れたということです。友達二人は、あの家に入ったことがばれると、怒られると思い、なかなか言い出せなかったということでした。

警察が、その家の中を調べたところ、確かに三人の靴跡と、幾つかのお位牌が散乱していたらしいのです。ですが伸明君の発見に至るようなものはありませんでした。そして、その日の捜索でも、伸明君の行方はわかりませんでした。

事件から三日。この日はひどい雨が降っていたそうです。夕方になり、その日の捜索も終わりかけた頃、警察から両親の元に、一本の電話がありました。「伸明君らしい男の子が、保護されました」というものでした。両親がすぐに警察署に行くと、疲れ果ててはいたものの、間違いなく伸明君でした。彼は、両親を見たとたん安心したのか、大きな声で泣き出したそうです。

彼が発見されたのは、京都と奈良の県境で、雨の中を男の子が傘も差さずに歩いていたのを、近くの住人が車に乗せて保護したのでした。

伸明君が落ち着いてから、何処に行っていたのかを聞いても、「まったく覚えていない」と答えるのです。「怒らないから言ってみなさい」と言って、何度聞いてもあの家の中で、ロープにぶら下がって遊んでいたときから先の記憶がないと言うのだそうです。

事件後、私は彼の両親から、一家心中の家で遊んでいたこともあり、お祓《はら》いをして欲しいと頼まれました。実は、伸明君にも両親にも言わなかったのですが、一家心中した家族は元々奈良県出身でした。京都に引っ越してきてから仕事が上手くいかずに、あの事件に至ったのです。ひょっとすると、あの家族の誰かが、楽しかった奈良県での生活が忘れられず、伸明君の身体を借り、里帰りしたのではないでしょうか。

背中の痛み

ある男性が、突然、背中に痛みを感じたので、病院へ行きました。しかし、どこにも異常がなく、原因は分からなかったそうです。それでも痛みは日に日に激しくなり、やがては立ち上がることすら、辛くなってきたというのです。

そこで今度は別の病院に行き、検査を受けました。しかし、そこでも原因はわからなかったということです。

その病院の帰りに、男性はタクシーに乗りました。その車中でのこと、運転手さんが、バックミラーで何度も男性の顔を見てくるのです。「気持ちの悪い運転手さんだ」そう思いながらも自宅まで我慢されたそうです。そして、自宅の前まで着いたとき、運転手さんが言いにくそうに「変なことを言って申し訳ないですが、お祓いか何かに行かれた方がいいですよ」と言ってこられたというのです。男性は、腹が立って、「何を言ってるんですか。どうして私がお祓いに行く必要があるんですか」と、きつい口調で言ったそうです。

するとゝ「体のどこかが痛みませんか」と言われたそうです。それを聞いた男性は、「体が痛そうにして病院から出てきたのを見てたんだろ。何がお祓いに行けだ。ふざけるな」そう言って、タクシーから降りたそうです。

またある日、体の痛みに効く温泉が近くにあるという話を聞き、そこに行った時のこと。温泉に浸かっていると、後から入ってきた老人が「体のどこかが痛くないか」そう聞いてきたそうです。男性は不思議に思いながら、「背中が痛むので、湯治に来たんです」と答えました。すると「これは温泉や病院では治らんでしょう。お寺か何かでお祓いをしてもらったらどうかな」と言われたそうです。

さすがに二度もこんな話を聞かされると、怖くなって、私のお寺を訪ねてこられたということです。お祓いをしてくださいと言われても、正直、何が原因なのか分かりませんでしたが、取り敢えず、読経し、お祓いをすることにしました。読経中、私の耳元で「〇市〇〇町の森の中」そう言う男性の声が聞こえてきました。読経が終わってから、聞こえてきた住所に心当たりはないかと男性に尋ねました。すると、そこは、実家のある場所だということでした。そして、近くに、森といっても言い過ぎではないような大きな〇〇山公園があるというのです。その公園は、昔の刑場跡で有名な公園でしたので、私もよく知っていました。取り敢えず、その公園に行ってみようということになり、二人で行くことにしました。

入り口は、大通りから少し入った所で、街灯が少なく、大きな木が両脇にたくさん生えているので、薄気味悪い感じがしました。入り口から続く道は、少し昇り坂になっています。その坂をゆっくりと登り始めたとき、男性は、背中の痛みを訴えてきました。しかし、我慢してしばらく進むと、さらに痛みがきつくなってきたと言うのです。近くにベンチがありましたのでそこに座って、しばらく休むことにしました。

しかし、男性の背中の痛みは、一向によくなりません。それどころか痛みは激しくなってきたというのです。

「今日は、帰りましょう」と私は言いましたが、痛みが激しく立てないとおっしゃるのです。夕方を少し回った時間でしたから、公園には誰もいない状況でした。このまま日が暮れるとまずいと思った私は「誰かを呼びに言ってきます」と言って、坂を下ろうと

したとき、「よくここが分かったな」そんな声が木霊《こだま》しました。

「えっ」一瞬二人が固まっていると、男性が、この辺りに何か原因になるものがあるのではないかと言うのです。私は、その辺りを見回しましたが、たくさんの大きな木があるだけで、他には何もありません。それでも周りを見回していたとき、ふと、その中の木の一つに目が止まりました。

「何か付いている」大きな一本の樹木に、何かが不自然に付いているのを見つけました。近づいてよく見ると、それは、わら人形であり、胸の所には、太い釘が刺さっていたのです。私が、恐る恐るその釘を抜こうと引っ張ってみると、案外簡単に抜けました。すると、男性は、急に立ち上がり、痛みがなくなったと言うのです。

人形をお寺に持ち帰り、よく見ると、そこには顔が描かれており、体の部分には、男性のフルネームが書いてありました。

こんなことをされるような覚えは全くないと男性は言いましたが、知らず知らずのうちに、他人に恨まれていたということでしょう。

呪いのわら人形というものを聞いたことはありましたが、ここまで効果のあるものは、この時がはじめてでした。それと、あのタクシーの運転手さんや、温泉で会われた老人が、どうしてこのことに気づかれたのかは、今もって謎のままです。

心霊スポット

京都にある寺院の数は、大小合わせると、二千六百ヶ寺以上にもなるといわれています。そうなると当然、お墓の数はその数をはるかに上まわっているわけです。その影響なのか、京都には心霊スポットと呼ばれる場所が数多く存在します。

今回は、そんな京都の心霊スポットでの出来事について記すことといたします。

ある夏の夜、近くのコンビニで買い物をしていると、偶然、高校時代の友人三人と久しぶりに再会しました。三人はこれからドライブに出かけるといいます。行き先は京都郊外の心霊スポット。お坊さん同伴で行けるなら心強いということで誘われ、私も一緒に行くことになりました。

この日は、京都市内からほど近い、とある神社が目的地です。

午後九時。天候晴れ。気温は寝苦しさを感じる京都独特の蒸し暑さ。そんな中、私を含め総勢男四人。友人Ａの運転する車一台で出発しました。

京都の郊外の外れ。神社へと続く道は車が二台行き交える十分な道幅はありましたが、あえてかなり手前に車を置き、そこからは徒歩で神社を目指しました。

その道は、街灯もなく、月明かり程度の舗装道。夏とはいえ、午後九時をまわるとさすがに真っ暗です。

懐中電灯はなく明かりは携帯電話に付いているライト機能だけ。舗装された道路ではありますが、所どころに目立つひび割れが不気味でした。

周りには空家となっている民家が建っていますが、昭和中期に建てられたであろう物で、そう古さを感じさせるものではありません。しかしどれもが十二分に荒れ果てている。そう。ここは廃墟の立ち並ぶ廃墟街なのです。

なぜ廃墟となってしまったのか。その理由は知りません。しかし、廃墟の中を覗いてみると、テーブルには茶碗や食器が並んでいたり、テレビがそのままになっていたりと、日常から忽然と人間だけが消えたように見て取れました。それが、また違った恐怖を駆り立てる場所なのです。

友人たちは、神社に続くその廃墟街を携帯電話の明かりで照らしながら、「何かが動いた」とか、「何か聞こえた」などと言って楽しんでいました。それが妙に気に障《さわ》る感じではありましたが、私は先に歩を進めました。

おそらく車を置いた所から、神社までのちょうど中間くらいに位置する場所に来た時だったと思います。運転手役の友人Aが、突然「引き返そう」と言い出しました。

他の二人は、Aを小馬鹿にするように、その提案を却下しました。

私は、Aに、引き返したい理由を問うてみましたが、彼は、とにかく「行きたくない」としか言いません。でも、Aが感じている恐怖が尋常ではないと悟った私は、心配だからという理由で、彼を連れて車まで引き返すことを提案しました。結局、人数が減ることは、彼らにとっても好ましくない事態なのです。どうしようかと、二人もかなり困っているようでした。

その時でした。何の前触れもなく、一斉に全員の携帯電話のライトが消えたのです。四人同時に「ウワッ」という声が上がりました。しかし冷静に考えれば当たり前の現象で、ライト機能付き携帯電話は大抵、充電池節約のために、ライト消し忘れ機能が付いており、一定の時間になれば自動的に消える仕組みになっています。四人ともそのことに気づき、笑いながら再度ライトを点灯させようとした瞬間。一台の携帯電話が鳴り出しました。

薄暗い廃墟街に、「ピリピリピリ」という電子音が鳴る。鳴っているのはどうやらAの携帯です。着信を知らせる為に、赤いライトが点滅していました。

その時でした。引きつった表情のAは「もう帰ろう」と叫ぶと同時に、携帯を思い切り遠くに投げ捨てました。そして私の腕を引っ張ると、来た道を走り出しました。

そしてAは、運転席に乗るや否や、車のエンジンを掛けたのです。慌てて私たちも後部座席に乗り込みました。

普段おとなしいAが、自分の携帯電話を放り出して、何も言わずに走り出したことに、驚きを隠せませんでした。これは、他の友人二人も同じだったようで、荒い息づかい以外、車内は静まりかえっていました。十分もしないうちに町の灯りが見え始めました。

私は、Aに冷静さを取り戻させるために、近くのファミレスに入るよう言いました。

アイスコーヒーを全員分頼むと、すぐにテーブルにコーヒーが運ばれてきました。

私は「いやー疲れたなあ。久しぶりに全力で走ったよ」とおどけるように話を始めると、他の二人の友人も、「俺は足が遅いから参ったよ」などと空気を合わせ、その雰囲気にAの気持ちも少し和んだのでしょう。

少し落ち着いた様子のAは、ゆっくりと話し始めました。

廃墟街に着いて、四人で歩き始めてすぐのこと、何かが自分たちを見ている異様な気配を感じたというのです。恐怖心を殺して、さらに先に少し進んだ所で、彼の携帯のバイブレーションが着信を知らせました。

携帯を開けて液晶画面を見ると、メールが一通届いていました。それを確認すると、差出人に、○○町と書いてあり、内容は、「勝手に来るな」という文が書かれていたというのです。

間違いかなと思い、携帯を閉じてさらに進んで行ったとき、一本の電信柱に張られた町名らしき物を見ました。すると、先ほどのメールにあった○○町と書いてあった。ここで彼は、引き返そうと提案したのです。

その直後、マナーモードにしてあり、音が鳴るはずのない携帯が鳴ったため、それを投げ捨てて走り出したといいました。私たちは、今更ながら恐怖に震えました。

放り投げた携帯電話は、明日の日中に、取りに行こうと約束し、その日は家路につきました。

明くる日、午前九時頃には、再び同じメンバーで、廃墟街の入り口に立ちました。携帯が鳴った辺りまで来たとき、電柱に目をやると、Aが言った通り、○○町と書いてある。この町の名前なのでしょう。

その辺りをみんなで捜しましたが、Aの携帯は結局見つけることが出来ませんでした。Aももう捜さないでおこうと言うので、私たちは引き上げることにしました。以来、未だその携帯電話は見つかっていません。

当時の私たちは、○○町の見えない住人の、侵してはならないテリトリーに土足で入り込んでいたのだと思います。

皆さんも、決して霊界のテリトリーに遊び半分で行かれたりなさりませんように……。

仏教には、「四有《しう》」という言葉があります。これは、人間が生まれ変わる様子が説かれたものです。

母親のお腹に、命が宿った瞬間を「生有《しょうう》」と言います。人間の一生は、ここから始まるわけです。ですから仏教では、出産時には、十月十日経っているので、その時点で一歳と数えます。数え年が一歳多いのは、こういった理由からです。

次に、私たちが今いる世界を「本有《ほんぬ》」と呼び、死の瞬間を「死有《しう》」と言います。そして、生まれ変わるまでの間、すなわち死後の世界を「中有《ちゅうう》」と呼びます。

「中有」は四十九日間だけ存在する世界とされ、四十九日目は、「中有が満ちる」ことから、「満中陰《まんちゅういん》」と言います。その後、また「生有」へと進んで行き、これを繰り返すわけです。満中陰を四十九日としていますが、この時間の数え方は、人間界の時間の感覚です。四天王のいる神の世界では、一日が人間界の五十年という説もありますので、中有が満ちる時間は、もっと長いのかもしれません。

とにかく人間は、肉体が滅びた後も、その魂は永続していくということです。ここで紹介させて頂いた話は、「中有」の住人たちが、「本有」の世界に顔を出したということなのかもしれません。

第二章　怨霊

「妙法蓮華経」というお経の中に、「還着於本人《げんじゃくおほんにん》」という言葉が出てきます。分かり易くいえば、「還って本人に着く」となります。では何が本人に着くのかといえば、誰かに対して、呪詛や怨みの念を発した人には、還って本人にそれらの念が着くという意味です。

私は、何か怖い体験をしたとき、反射的に、「南無妙法蓮華経、南無妙法蓮華経」と唱えます。私の知らないうちに誰かに怨まれることもあるでしょうから、謝罪の念を含めて、唱えます。そうすることで、恐怖や不安に固まった心が少し楽になります。ひょっとすると、何かしらの念が、本人の元に還っていったのかもしれません。

もちろん、他人に、怨みや怒りの念を抱かすようなことをしてはいけないのは当然です。しかしながら、日常生活を送っている中で、故意にではなく、誰かに怨みを抱かれることもありますし、善かれと思ってしたことが、却って相手を怒らせることもあると思います。こういったことには十分気をつけなければなりません。

　ですが仏教では、怒りの念を抱くことが、一番悪いことだとされています。大変厳しい教えですが、たとえ相手が悪くても、決して怒りに心身を囚われてはいけないというのです。その理由は、先に述べたとおり、悪い念は、やがて自分に返ってきて、苦しまねばならない結果を生むことになるからです。

　この教えは、生きている私たちだけの問題ではないと思います。死後も誰かを怨み、呪っていることで、成仏出来ずに苦しんでいる霊もいるようです。

知らない人

「不動産会社を長年していますが、ここまでひどいのは初めてです」と、怯える声で、そう語られたのは、不動産会社社長の仲谷さんでした。

　その横には若い夫婦と三歳のお子さんがおられ、この方がある新築一戸建て物件を買われたことから、事件は起こったというのです。

そのご夫婦の話を聞けば、仲谷さんが怯えるのは当然だと納得がいきました。目の下に隈ができ、ここ数日寝ていないといった感じの奥さんは、まるで怪談師が語りかけるような口調で話しはじめました。

きっかけは、「知らない人が家にいる」という子供の言葉からでした。最初は、まだ幼い息子の言うことなのであまり気にも留めませんでした。しかし、この日から不思議な事が始まったのです。

子供部屋で息子が一人で遊んでいた時に、突然、子供の大きな泣き声がしました。私は驚いて駆けつけ、子供を抱きかかえて聞きました。「どうしたの。大丈夫」すると子供は泣きながらこう答えました。「おじさんが来て僕をつねったの」と。

またある時は、テレビを見ている時でした。「これおもしろいね」と誰もいない方を向いて話しかけているのです。「誰と話しているの」と尋ねると、「おにいちゃん」と答えました。

さすがに気になり、夜遅く帰宅する夫にこのことを相談しました。

夫は、「小さな子供にはよくあることだろう」そう言うので、しばらく様子を見ることにしたのです。しかし、放っておけない事件が起こりました。

その夜も夫の帰宅は十二時をまわっていました。帰宅した夫は、子供の寝顔を見るのが習慣となっていましたので、子供部屋に行きました。

その時「おい、どうした。大丈夫か」と夫が叫ぶので、見に行くと、布団に横たわったままの息子は、顔が青ざめ、手足を苦しそうにばたつかせていたんです。

夫は子供を抱きかかえ、落ち着かせて話を聞きました。すると、「おばあちゃんが、僕の上に乗ってきて、首を絞めたの」そう言う息子の声は、明らかに恐怖に震えていました。

「僕が首を絞められていた時、おねえちゃんが止めに来てくれたの。でもおばあちゃんはやめなかった」そこまで話すとまた泣いてしまいました。

しばらくして泣き疲れた息子は、夫の腕の中で、ようやく寝息を立てはじめました。

「明日になったら病院へ連れて行こう」と、夫婦で話をしていたその時です。「バタン」と突然、子供部屋の扉が音を立ててひとりでに閉まったんです。

その直後、「ガシャン」という音と共に、キッチンの食器が勝手に落ちて砕けました。

音に驚いた息子が目を覚まし、また泣き出しました。そしてパニックを起こしながら色々な所を指さしてこう言ったんです。

「おじさんもおばあちゃんもやめてー」

「おねえちゃん逃げてー」

「おにいちゃん助けてー」

「バタン、ガシャン、ドンドンッ」タンスや戸棚の扉、椅子や机が勝手に動いていました。私たち夫婦には、何が起きているのか理解できない状況でした。

夫と目があった瞬間、夫が叫んだんです。「外に出よう」と。


話し終えた奥さんは、その時の様子を思い出してか、手が小刻みに震えておられました。ご主人がおっしゃいました。

「外はいつもと変わらない静かな夜でした。その静かな夜に、買ったばかりの我が家では、まだ何者かによって、物が飛び交う音が続いていたんです。その日から私たちは、今も両親の実家で生活しているんです」

次の日、仲谷さんと、私の二人は、その家の中にいました。もちろんお祓いをするためです。お経を読もうと、私が用意をしていると、仲谷さんは少しためらうように、小声で話しはじめました。

「今回の事件があって、以前何かなかったか調べたんですよ。すると、こんな話が出てきましてね。この家を建てる前なんですけどね」

ここには以前、おばあさんが一人で住んでおられたそうです。そこへ奥さんと離婚して、子供二人を連れた息子が帰って来たんだそうです。ところが、この息子が、お酒を飲んでは暴れたらしく、見かねたおばあさんは、寝ている息子の首を絞めて殺し、家に火を点けたらしいんです。その火事で、孫の男の子と、女の子も亡くなり、自分も後追い自殺をされたということでした。

ひょっとすると、死んだ今でも、生前と同じく苦しんでおられるのかもしれません。

私はこの話を聞いて、数日の間、以前おられたという家族の供養を続けました。

それから一年ほどしたとき、新たな家族が、引っ越してこられたのを見ました。

お土産

「この人形をお祓いしてもらいたいんですが」と、一人の男性が訪ねてこられました。

この方は三十九歳で、ちょうど私と同い年です。私に比べて、着ている服や身に付けている腕時計など、高級なものばかりでした。そこでお仕事をお聞きすると、一流商社の本部長をされておられるということでした。本部長という役職は、どういった地位なのか、私にはよくわかりません。しかし、この年齢では、異例の出世であるということは、男性と話をしていて、うかがい知ることが出来ました。

「それでは人形をお見せ下さい」と私が言うと、「先に、話を聞いてもらっても良いですか」と、鞄の中の人形は出さずに言われました。私が頷くと、重みのある低い声でゆっくりと、ここに来るまでの経緯を話し出されました。

　この人形は、以前は同僚だった、三浦という友達から貰いました。以前というのは、入社時は同期でしたが、その後、私の下で働いてもらっていたという意味です。そんな彼が、長期の有給休暇を取り、ハイチへ旅行に行きました。彼はその旅行先から、「お土産は何が良いか」と電話をくれました。少し体調を崩して入院していた私に代わり、家内が電話を取りました。そこで、私の入院を告げると、驚いた様子で、「すぐに帰ります」と言ってくれたそうです。単なる過労で、一週間ほどで退院できるから心配ないと言ったそうですが、私が退院するより先に、病院まで来てくれました。そして、少しでも早く良くなるようにと、現地でこの幸運の人形を買ってきてくれたのです。彼の話では、動物の皮を鞣《なめ》し、それを縫って、人形にしたもので、とても貴重な物だということでした。正直、はじめ見たときは、少し気味が悪いと感じましたが、彼の気持ちが嬉しく、病室に飾っておきました。

　しかし、私の体調は日増しに悪くなっていったのです。一週間で退院する予定が、一ヶ月過ぎても良くなりませんでした。そんなある日、家内が、「この人形は、何か嫌な感じがする。病気が長引くのは、このせいではないか」と言い出しました。看病が長引き、その疲れも出てきて、人形のせいにしているのだろうと思いました。家内が落ち着くならと、人形を持って帰るように言いました。

単なる偶然かもしれませんが、その人形が、病室になくなってから、日増しに体調も良くなり、退院することが出来ました。退院後、久しぶりに会社に行き、三浦に会うと、「治ったのか。本当に治ったのか」と驚いた様子で何度も聞いてきました。私が、「おまえがくれた人形のおかげで、この通り元気になれた。有り難う」そう言うと、彼は何も言わず、その場を立ち去りました。

そこまで話されると、ようやく男性は、鞄から人形を取り出し、机の上に置きました。私はその人形を見た瞬間、お焚《た》きあげ（火にくべて供養すること）することを勧めました。というのは、その人形は、特別な意味を持つものだと知っていたからです。

しかし男性は、大切な友人からのお土産なので「燃やすわけにはいかない」とおっしゃるのです。

男性の身体も今は異常がないということでしたので、人形をお清めし、男性に返しました。そして、私が、「実はこの人形は……」と説明しようとしたとき、男性は私の話を遮って、「これは、私の友人がくれた大切な人形です。これからも大切にしたいと思います」とおっしゃいました。私はそれ以上は何も言いませんでした。

男性が帰られる時に、「三浦さんは、お元気ですか」と尋ねると、『旅行に行く』そう言い残して、彼は行方不明になりました。でもきっと何処かで元気に暮らしていると思います」そう言って、寂しそうに帰って行かれました。

ハイチには、ブードゥー人形という幸運を運ぶ人形があります。しかし、それとは逆の効果のブードゥー人形もあるのです。白人に虐げられた黒人奴隷たちが、復讐のために作ったという話もあります。日本でいう、呪いのわら人形といったところでしょうか。

今回の場合、同僚の出世に嫉妬した三浦さんが、それを行ったのかもしれません。

あの人形が、これからは幸運の人形になることを願ってやみません。

間違い電話

私は、ある病院の医師から、入院中の青年と会って欲しいと頼まれました。心のカウンセリングの手伝いをして欲しいという相談が時々あるので、この時点ではそうだと思いこんでいました。

医師の話では、その青年は決まって、深夜になると精神が不安定になるということでした。

深夜、病院を訪れた私は、彼の異常な姿を目にしました。

「ごめん。ごめん。ごめん。ごめん……」

彼は、泣きながら何かに謝っているのです。しかも、泣いている姿は、恐怖に震えている様子でした。

彼がこうなったきっかけは、一本の間違い電話だったらしいと、医師は言うのです。

医師が彼から聞いた話は、次のようなものでした。

ある日、彼の携帯電話に見たことのない番号からの着信があったそうです。

「もしもし、田中さんですか」

「いえ違います」

「田中さんでしょ」

「違います」

すると突然電話は切れた。彼は、失礼極まりない間違い電話だと思ったそうです。

次の日、またあの番号からの着信がありました。

「もしもし」

「田中さんですよね」

「違います」

今度は彼の方から先に切ったそうです。するとすぐにまた掛かってきた。

ここまでくると間違い電話ではなくイタズラ電話だと思った彼は、「いい加減にしろ」

強い口調で言い放った。

すると相手は、「あなたは田中さんですよ」と言い出した。

「何?」

「気づいていないだけで、あなたは田中さんですよ」

「なにを悪ふざけしているんだ」

「あなたは間違いなく、田中ヒロシさんですよ」

「警察に通報してやる」そう言って彼は電話を切りました。

着信履歴が残っていたので、警察に持って行き、事の顚末《てんまつ》を話したところ、

「あなた大丈夫？　この携帯番号は使われてないよ」

「え。そんなはずないです。だってここに着信履歴もあるし」

「どんな方法を使ったか知らないけど、もう帰りなさい」

そんな馬鹿な話はない。彼は苛立ちと不安を抱え家に戻りました。

するとまた、その夜、同じ相手から電話が掛かってきたそうなんです。

「もしもし」

「田中ヒロシさんですよね」

「もう勘弁してくれ。俺は田中じゃない」

「……わかってるよ……鈴木だろ」

「え？」その瞬間、彼に中学生の頃の記憶が蘇ったといいます。

（田中ヒロシ、いじめを苦に自殺した同級生だ）

「まさか、おまえ……」

「思い出したかコノヤロー」

その声は、電話からではなく、彼の後ろから聞こえたと言うのです。そして振り返ると、そこには怒り狂った顔をした、田中ヒロシ本人が立っていたらしいのです。

恨みの念

私が住職となって間もない頃のことです。相談に乗って欲しいことがあるとの電話があり、後日会うこととなりました。

相談者は、電話の声で想像していた通り、二十歳過ぎの若い男性でした。

挨拶もそこそこに、彼は早速、相談内容を語り出しました。

彼が言うには、現在同棲している同い年の女性と、年明け早々に結婚を考えているということで、当人同士はもちろんのこと、両方の両親も大変喜んでくれているといいます。

相談内容の核心部分は次のようなものでした。

現在の婚約者と付き合う前に別れた彼女がいましたが、問題はこの彼女が、自分たちの結婚を邪魔しているというのです。

なるほど、人間の嫉妬とも言うべきものか、ともあれこの相談は、僧侶にではなく警察に相談すべきだと彼に告げました。

すると彼は、「警察は相手にしてくれません」と言って、詳しい話を始めました。

「邪魔をしているのは、別れた彼女自身ではなく、彼女の残した念のようなものだと思うのです」

「念？」

「はい。多分彼女の念というか魂というか……」

「別れた彼女は、お亡くなりになっているのですか？」

「いえいえ、現在は、新しい男性とお付き合いし、先月結婚しました。その結婚式にも呼んでもらい、出席もしました」

不可思議な話です。何が不可思議かといいますと、彼自身が不可思議で全く要領を得ません。今一度整理して話をして貰いました。そこではじめて相談の核心部分が理解できたのです。

要約すると次のような内容でした。

二十歳の時に付き合っていた彼女と性格の不一致ということで別れ、その後、数ヶ月して、現在の婚約者と出会い同棲をはじめました。

別れた彼女は、原因をその婚約者のせいだと逆恨みをしていたらしい。

それを知った彼は、婚約者とは、別れた後、数ヶ月してから知り合ったので、自分たちが別れた理由とは何ら関係がないということを伝えました。しかし、その時は、信じてもらえなかったようです。

また数ヶ月が過ぎた頃、町でたまたまその彼女と会いました。彼女は新しい彼と一緒で、今までの逆恨みを詫びてきたというのです。

そしてしばらくすると、彼女から結婚式の案内状が届き、少し迷ったが出席することにしたそうです。

結婚式の二次会で、彼女の友人という女性から驚くべきことを知らされました。

それは、彼と別れた後、新しい彼が出来るまでの間、彼女は京都のとある寺に行き、丑の刻参りをしていたというのです。

それを聞かされたときあまり良い気はしませんでしたが、なにも起こるわけがない、科学的な根拠がないと彼はたいして気にも留めていませんでした。

ところが、同棲をはじめて間もないある深夜のこと——。

その日、彼が自宅の書斎で仕事を終えた頃には、もう彼女は寝ていました。共働きということもあり、彼女も疲れていたのでしょう。寝息がするくらいに深い眠りに入っていました。

彼は彼女を起こさないように、静かに自分のベッドに入りました。

その時、彼女が突然ベッドの上で、上半身だけを起こし、こう言いました。

「絶対、不幸にしてやる」言い終わると同時に、再び何事もなかったように寝てしまったそうです。

その声は、間違いなく別れた彼女の声でした。

次の日の朝、彼女に聞いても、何も覚えていなかったということです。

後日、彼とその婚約者に来てもらい、共にご祈禱《きとう》をしました。今では、無事結婚式を挙げ、幸せに暮らしています。

タクシー

「人を車で撥《は》ねました。怖くなった私は、その場から逃げてしまったんです」

個人タクシーの運転手をしている男性の突然の告白に、私は驚きを隠せませんでした。動揺を抑えつつ、「今すぐ一緒に、警察に行きましょう」と言いました。しかし男性は、大きく首を振って、こう答えました。「事故のあった次の日には、警察に出頭したんです。ところが……おかしなことになったんです」よく話が飲み込めないで、眉をひそめる私に、男性は話し始めました。

あれは、今から二週間ほど前の夜のことです。その日は、前が見えないくらいに土砂降りの雨が降っていました。こんな時は、人通りは少ないものの、案外客が取れるんです。目をこらしながら歩道を見ていると、数十メートル先に、人が手を挙げたのが見えました。急いでお客さんの前に止めようと、アクセルをふかしたその時、目の前に、女の人が飛び出してきました。その人は、一瞬、金縛りにあったように固まって、こちらを見ていました。慌ててブレーキを踏みましたが、「ドンッ」という鈍い音と共に、撥ねてしまったのです。

人を撥ねたこと、今後の処遇、免許の取り消し、賠償など、色々な事が頭を巡り、怖くなった私は、気づけばその場から逃げていました。家に帰ってから、あの女性がどうなったのかが気になり、眠れないまま、朝を迎えました。

朝になって、落ち着いた私は、すぐに警察署に自首をしました。しかし、「そんな事故の報告はありません。何かの間違いじゃないですか。それにあなたの車両には、傷一つないですよ」そう言われたんです。

「そんなはずはない。確かに撥ねたんです。音もしたんです」何度も言いましたが、取り合ってもらえませんでした。それに、警察の言うように、車にはその時の傷もなかったんです。釈然としませんでしたが、間違いに越したことはありません。昨日までの恐怖と、不安が、少し和らいだように感じました。そのせいか、急に眠気が襲ってきたので、帰宅し、夜まで寝ることにしました。

その夜、目が覚めた私は、再びタクシーのハンドルを握りました。そして、昨夜、女性を撥ねたあの道に行ってみようと思ったのです。もちろん恐怖心はありましたが、本当に何もなかったのか、確認したかったのです。

現場に近づくにつれて、速度を落とし、注意深く辺りを見ました。しかし、なんら変わった様子はないようでした。車を道路の端に寄せて、何度も地面を見ましたが、血の跡らしきものや、女性の髪の毛などもありませんでした。やはり幻覚だったのでしょう。それにしてもリアルな幻覚で、あの女性を撥ねる瞬間、私と目が合った彼女の顔が、しっかりと、私の頭にこびり付いていました。

間違いなく、事故はなかったのだと、再度確認して、車に戻りました。その時、私の車の後ろに、一台のタクシーが止まりました。そして、運転手は車から降りてきて、道路をなめるように見ているのです。私はその運転手に、「どうかしたんですか」と、声を掛けました。するとその運転手は、私と全く同じ体験を語ったのです。

違うのは彼の場合、すぐに車から降りて、撥ねた女性を確認したことでした。しかし、そこには誰もいなかったというのです。

　この話を数人の運転手仲間にしたところ、何人かが同じ体験をしていたことがわかりました。そこで、現場まで来ていただき、お経を上げて欲しいんです。

　私は、タクシー運転手さんと一緒に現場に行き、同じ体験をした数人の方々と共に、読経し供養をしました。

　後日、その中の運転手さんから、「あの女性の正体がわかりました」と連絡を頂きました。実は、あの場所で、数年前に、タクシーによるひき逃げ事件があり、女性が一人亡くなっておられたらしいのです。その後すぐに、タクシー運転手は逮捕され、事件は解決したということでした。

　解決したという表現は、法律上の表現で、亡くなられた方にとって解決などないのかもしれません。亡くなった女性は、今後事故がないように、スピードを出しすぎている車や、よそ見をしている運転手に警告をしているのかもしれません。

ひろみさん

　その女性は、旦那さんと共に、育児のことで相談がしたいとお寺に来られました。

二人の間には、三歳になる娘さんがいるとのことですが、この時は実家の両親に預けて来られていました。

まず始めに話を切り出したのは、旦那さんの方でした。それによりますと、奥さんは専業主婦で、旦那さんはサラリーマンをしています。ある日、会社から帰宅すると娘が泣いていたので、奥さんに理由を尋ねると、食べ方が汚いから定規で叩いたと言われたそうです。

やがてそれはエスカレートして行き、目つきが気に入らない、歩き方が気に入らない、または、偉そうな態度を取る、などの理由で折檻《せっかん》するようになってしまったということでした。

このままでは会社に行っても、家のことが心配で仕事にならないと、お寺に解決法を求めて来たわけです。

私が奥さんに、「どうしてそこまでされるのですか」とお聞きすると、「私にもわからないんです。ついかっとなってしまうのです。でも娘がかわいくないわけではありません」とおっしゃいました。

ここで私は、「育児以外で何か相談したいことはありませんか」と奥さんに問いかけました。すると、「私はよく、すごく嫌な夢を見るんです」とおっしゃいます。

奥さんが学生時代、同級生のひろみさんという人からいじめを受けており、顔が気にくわない、しゃべり方が嫌だという理由で、よくいじめられたそうです。その頃の夢をいまだに見るということです。

また、交通事故に遭ったときも、相手の方がひろみさんだったし、以前、盗難に遭ったときも、犯人の名前がひろみだったと言うのです。

旦那さんは、この話を知らなかったらしく、ひどく驚いておられました。そして、「ひょっとして、ひろみに仕返ししてるのか」と大きな声で怒鳴られました。

私が尋ねると、ご主人の実家の両親が、娘さんにひろみと名付けたということでした。ひょっとすると、無意識のうちに名前に反応していたかもしれないと奥さんは答えられました。もちろん、名前が「ひろみ」だから、という理由だけではないと思います。小さな子供はなかなか言うことを聞かないなど、育児に関する悩みは、他にも考えられることです。しかし、ご夫妻は、どうしても名前が気になるとおっしゃるので、何か良い方法はないかと考えました。

そこで私は、娘さんの名前は、「裕実」と書くようなので、「ゆみ」と読んではいかがでしょうか、と提案してみました。

後日、娘さんを連れて、三人でお寺に来られました。あれから名前の呼び方を変えて、最初は戸惑った娘さんも、今では気に入っておられ、奥さんも落ち着かれたということでした。しかし、一つ気になる事実が分かったとおっしゃるのです。

前回、お寺で相談した帰りに、奥さんの実家に寄ったそうです。そこで、お寺で話した内容を伝えると、実は奥さんには、生まれてすぐに亡くなったお兄さんがおり、名前が「ひろみ」だったと聞かされたということでした。

ひょっとすると、亡くなったお兄さんが、自分の存在を分かって欲しかったのかもしれません。それに、自分の名前を呼ばれていると思い、子供に乗り移っておられたとも考えられます。子供が偉そうな態度を取っているように感じられたのは、そのせいかもしれません。

いずれにせよ、未だ真相は不明のままです。

贖罪

二十歳の頃、彼は人を殺めたことがありました。

この十年間、自分の犯した罪の重さを知り、激しい後悔と懺悔の日々を送って来ました。そしてようやく、彼は法的責任を終えたのです。

出所後に知り合った女性と結婚し、やがて子供も生まれました。

こんな自分が幸せになっても良いのか。自問自答していたそうですが、家族を幸せにする責任があると、家族には過去の罪について、くわしくは語っていませんでした。未来の幸せを壊したくないという恐怖心があったからです。

獄中よりも早く過ぎ行く年月。生まれた息子は五歳の誕生日を迎えました。

その夜、ささやかながら幸福な誕生日を親子三人で祝ったそうです。

夜、子供の寝顔を見に子供部屋へ。幸せそうに眠る我が子の顔を見るのは彼にとって至福の瞬間でありました。

そっと頬ずりしようと顔を近づけた瞬間、子供が、

「やっと会えたな。ゆるさないからな」

と、野太い声で言いました。

咄嗟に子供の顔を見ると、小さな布団に入ったままの息子は、目だけを見開き、こちらを見て笑みを浮かべていたそうです。しかし次の瞬間には、目を閉じ、またすやすやと寝息を立てて眠ってしまいました。

気のせいだったのか。そう思ったが違っていました。

「絶対ゆるさないからな」次の日、また次の日もこれが続きました。

幸せな家庭を壊したくないという思いから、妻にも打ち明けられずに……。

やがて彼は仕事にも行けないほど疲弊しきってしまいました。

仕事を休みがちの夫に不満を募らせる妻。不安と苛立ちからやがて夫婦仲も険悪になっていきました。

ある夜のこと——。

布団に寝ている我が子の首に無意識に手がいきました。

「絞め殺せ」

不気味な笑みを浮かべた我が子が発する声、なんとか思い留まりましたが、危うくまた罪を重ねる所でした。

明くる朝、彼は自分の犯した罪をすべて妻に話しました。

これですべてが終わってしまう。そう覚悟していたと言います。

「これからは家族一緒に罪の償いをしていきましょう」

妻は、これから先の人生を共に暮らしていく決意をしてくれました。

家族そろってお寺に来られ、彼が殺めてしまった人の供養をしました。それが毎日の日課となりました。

ある日の夜。彼はいつものように妻と一緒に子供の寝顔を見に部屋に入りました。頬ずりをしようと顔を近づけたその時。

「これからは幸せに暮らせ。ありがとう」そう言ったのです。

それを聞いた夫婦は二人で泣きました。

この日は彼に殺された人の十七回目の命日だったのです。

それからも家族そろっての供養は続けています。

自動販売機

友人の滝川君が、事故に遭い入院したというので、お見舞いに行きました。病室に入ると、ベッドに横たわった彼は、右腕と両足を骨折したようで、ギブスで固定していました。

私に気づいた滝川君は、「よく来てくれた」とすごく喜んでくれました。そして、よほど入院生活が退屈なのか、「時間はあるか。ゆっくりしていけるか」と聞いてきました。

その日は、別段用事もなかったので、「ゆっくりしていけるよ」と言うと、「どうしても聞いて欲しいことがある」と、いつになく真剣に言うのです。

長くなりそうなので、「缶ジュースでも買ってこようか」と言うと、彼は缶ジュースだけは飲みたくないと何かに怯えるように言いました。

仕方なくそのままベッドの横にあった椅子に腰掛け、彼の話を聞くことにしました。

まず彼は、事故当日の話から始めました。

その日は、仕事がいつもより長引き、終わったのは深夜一時を回っていたそうです。

徒歩で帰宅途中、のどの渇きを感じた彼は、路地に入った所で、自動販売機を見つけました。

そこで缶ジュースを買おうと、財布から小銭を取り出そうとした時、手をすり抜けた小銭が、自動販売機の下に転がっていきました。かがんで手を入れながら探ったのですが、小銭の感触は得られない。奥まで転がっていってしまったと思った彼は、出来る限り手を伸ばしたのですが、それでも見つかりません。そこで彼は、寝そべって、出来る限り腕を入れました。

その時、指先に何やら、柔らかい物が当たったと感じた瞬間、手首を何者かに摑まれたのです。

咄嗟に腕を引き抜こうとしたのですが、手首を摑んだ何者かの力が強く、引き抜くことが出来ませんでした。自販機の下に目をやると、髪の毛の長い老婆が、寝そべってこちらを見ており、目が合ったと言うのです。

パニックになりながら、腕を引っ張り合っていると、車のエンジン音が聞こえてきました。

道幅の狭い道路に寝そべった状態でいるわけですから、運転手が気づかなければ轢かれてしまうと思った瞬間、バキバキバキと鈍い音がして、気がついたときには病院のベッドに寝ていたと言うのです。

病院の先生の話では、両足は車に轢かれた時の骨折だが、右手首は、何かに握りつぶされたように、複雑骨折していたと言うのです。

そこで彼は、あのおばあさんは一体なんだったのかを突き止めて欲しいというのです。

私は正直、半信半疑でした。何故なら、仮に彼の話が事実だったとしましょう。それでも自販機の下の空間に、人が入れるわけもなく、またそれが髪の長い老婆であったという認識まで出来ないだろうと思ったからです。

そう思いながらも取り敢えず、病院からの帰り、滝川君の言った自動販売機まで行きました。

するとちょうど、自動販売機の缶ジュースを入れに、業者さんが来られたので、ここで何か変わった事はありませんでしたかと尋ねてみました。

すると、「例のひき逃げ事件ですか」という答えが返ってきました。よくよく話を聞かせて貰うと、身寄りのないおばあさんが、この道

そうです。

で轢かれて亡くなられていた事がわかりました。そして、未だに犯人が捕まっていない

その業者さんは、地面を指さしながらこう教えてくれました。

「ほら、消えかけてるけど、倒れていたおばあさんが発見されたときに、警察官がチョークで引いた線がまだうっすらと見えるでしょ」

地面には薄く白い線が描かれていました。よく見ると、その線は、人の形になっており、右手だけが、自販機の下に入っていたのです。

仏教には、因果応報という言葉があります。これは、物事には、必ず原因と結果があり、さらには、それに応じた報いがあるという意味です。

このことを言うと、「そんなことはない。悪事を働きながらも、うまく金儲けしている人もいる」という方がおられますが、まさにその通りです。しかしこれは、原因と結果だけを見たときの話です。その先には必ず、それに応じた報いがあるのです。

現在の状況は、過去の原因によってあり、現在の行いは、未来をつくるとい

うことです。

もしも、自分の置かれた状況が悪い場合は、現在において、善い行いを心がければ、未来の自分の姿も善い状況になるということです。

では、善い行いとは何かと言えば、お経には、菩薩行《ぼさつぎょう》と説かれています。菩薩とは、他人の助けになる人のことであり、それを行うことを菩薩行といいます。しかしながら、相手にとって、善かれと思ってやったことが、却って相手を傷つけてしまったり、恨まれてしまったりすることもありますので、そう容易《たやす》く出来ることではありません。

ではどうすればいいのか、となりますが、実はそのためにお経があるわけです。お経は、死者のためにあると思いがちですが、決してそれだけではなく、生きている者のためにも説かれたものなのです。いかにして善い行いをするのか。善い行いとは何なのかといった、生き方も書かれています。この事を正しく行えれば、未来の姿は、幸福に満ちたものになるわけです。天国に行くも、地獄に行くも、その人の心掛け次第というわけです。

第三章　輪廻

世の中には理解できない不可思議なことがあります。たとえば、私たちの命もそうです。人間は生まれると、どんなに努力しても死に向かって進んでいきます。当たり前のことのようですが、命ある者は、誰一人として死なない者がいないというのは、何か不思議なように感じます。

では、生まれる前は、どこで何をしていたのでしょうか。そして、死後、どこに行くのでしょうか。

仏教には、輪廻《りんね》転生《てんせい》が説かれています。ということは、来世があるということです。来世があるということは、過去世もあったということです。さらに、生まれ変わり死に変わりする中で、魂の修行をすることを目的にしていると説かれています。

今、私たちが生きているこの世界は、仮の世界で、本当の世界は他にあるとも説かれています。たとえば、「明日、会いましょう」と、誰かと約束しても、明日、無事に会えるかどうかは、その時になってみないと分かりません。もしかすると、約束した直前に、事故で死んでしまうことがあるかもしれないからです。また、「これは私の物だ」と思っていても、死んでしまえば、それは自分以外の誰かの物になってしまいます。平たく言えば、所有している物はすべて、生きている間だけ、借りているということになります。今ある身体も、借り物に過ぎないわけです。

では、この世が仮の世界であれば、本当の世界は何処にあるのでしょうか。ひょっとすると、死んだ後、その世界に行くのかもしれません。死後の世界は、有るのか無いのかは、死んでからしか分かりませんが、私は色々な体験から、間違いなく有るのだと思います。そんな確信を得た体験を皆様にご紹介いたします。

死神

ある青年が、お寺を訪ねてきました。彼は病気で手術をしましたが、先日退院したの

で、その報告に来たということでした。

顔色も良くなった彼は、私を見て「えらく汗をかいておられますね。どうかされたんですか」と聞いてきました。

実は、昨夜、私の一番お気に入りの根付けを眺めながら磨きました。しかし今日になって、何処にしまったのか見あたらず、汗をかきながら捜している最中でした。そのことを彼に伝えると、「和尚さんは確か昨日の夜、ひよこの根付けを電話の下の引き出しに片づけてましたよ」と言うんです。私は、「何を言っているんだ。こっちは真剣に捜しているのに冗談ばかり言って」と思いながらも、引き出しを見ると確かに根付けがあったのです。

「何でわかったの」と感心して聞くと、「昨夜私は、ここに来て見ていましたからね」と言うんです。

「たまたま勘で言ったことが当たっただけでしょ」と私が言うと、彼は首を横に振ってこう言いました。

「昨夜、根付けを磨いているときに、友人から電話が来て、その電話に夢中になって、手に持っていた根付けを下の引き出しに入れたじゃないですか」

思い返してみると、まさにその通りでした。しかし、彼がその場にいたということはあり得ないので、どういうことかと聞くと、彼は自慢げな顔をして「私、透明人間なんですよ」と答えるんです。彼の話によると、透明人間になったのは、今回の手術がきっかけだと言います。

「私は今回、肺の気胸という病気で、手術することになりました。その手術で、全身麻酔をかけてもらったんです。麻酔をかけられた私は、意識がだんだんと遠のくのを感じていましたが、次の瞬間、意識はまた、だんだんとはっきりしてきたんです。そして、目を開けると、そこには、手術台に寝ている自分が見えてきました。さらに意識がはっきりとしてきて、お医者さんが話している言葉も聞こえてくるようになりました。一瞬、夢を見ているのかとも思いましたが、明らかに起きているんです。そして、自分が今いるのは、手術室の上に、浮いた形でいることがわかりました。ひょっとしてこれって死んだということかと思って、必死に身体に入ろうとしましたが、磁石がはじけ合うように、どうしても身体に近づくことが出来ません。

手術は始まったばかりだったようで、これからメスを自分の身体に入れられる所は見たくないと思い、外に出ました。すると廊下では、母がオレンジジュースを飲みながら、雑誌を見ていました。息子がこんな状態なのに呑気な親だと、正直、思いましたが、命に関わるような手術ではないので、気楽に思っていたのでしょう。その後も、手術室と廊下を行ったり来たりしていると、急に磁力が働き、私は自分の身体に引っ張られ、無事戻ることが出来ました。次に意識が戻った時は、病室のベッドの上でした。母親が、『手術中心配で、何も手に付かなかった』と言いましたので、ジュースを飲みながら、雑誌を見ていたことを言い当てると、ビックリしたようでした。

この日以来、私は、自分の意識とは関係なく、寝ていると、時々意識がはっきりしてきて、身体から抜けてしまうようになったんです。長くても一時間くらいで元に戻ってしまいますけどね。その間は、行きたいところに行けるんです」

彼の話は、「幽体離脱」というものだろうと思いました。その日から私は、彼がまた来ているのではないかと、落ち着きませんでした。

ところが後日、彼がまたお寺に来たとき、「もう自分の身体からは、離れないことにしました」と言うのです。「何があったの？」と尋ねると、彼はその理由を教えてくれました。

ある夜、例によって身体から抜け出してご近所に行こうとしたら、道を歩いている黒い服を着た男性に「おい」と声を掛けられました。まさか見えているのかと驚いていると、「こんな所にいてはいけない」と腕を摑まれ、宙に引っ張られ始めたんです。「ここは生きている人の世界だから、あの世に連れて行ってあげるから」とその男性が、すごい力で引っ張るんです。「違うんです。私は生きているんです」と言っても、聞いてくれません。

空高く上がったところで、一人のおじいさんが、「ちょっと待て」と立ちふさがりました。そして、黒い服を着た男性に、「その子はまだ生きてるぞ、放してやりなさい」と言ってくれたんです。そして私に向かって、「おまえも自分の身体から離れるな。ややこしい奴だ」と怒鳴りつけました。

手を放された瞬間、気がつくと、布団の中にいたんです。きっとあれは、「死神」だったんだと思います。それ以来、私は身体から抜けてしまっても、心の中で、「身体に戻りたい」と強く思うようにしました。すると、戻れるようになったんです。……

におい

私は、幼い頃から、鼻が利きました。どういう事かと言うと、死期の近い人のそばに行くと、独特のにおいを感じて、「この人、そろそろ死ぬな」とわかるのです。

大学生の頃、夏休みに家に帰った時、飼っていた犬からにおいがしたのです。家族でかわいがっている犬のことだったので、両親にそのことを告げました。すると、「そんなこと言うもんじゃない」と、ひどく怒られました。しかし、その犬は、その日の晩に死んでしまいました。

それから数年後、結婚し、実家を離れて住んでいた私の元に、孫の顔を見たいと両親が遊びに来てくれました。みんなで夕飯を食べに、近くのレストランに行ったとき、あのにおいがしてきたのです。私はさりげなく一人一人に近づいて、確認をしてみました。その結果、においは私の父から出ていたのです。

みんなが、楽しそうに食事する中、私だけは、ショックのため、食事が手につきませんでした。すると父が、「どうした。食欲がないのか」と聞いてきました。かなり迷いましたが、みんなの前で、「お父さん、明日すぐ、病院に行った方がいい」と言いました。家族はみんな、「なんてことを言うのだ」と私を責めました。当然のことだと思います。しかし私は母親に、「お父さんは、胃ガンで、おそらく半年くらいの命だろう」と告げました。

私が以前にも死期を言い当てたことがあるので、母親は心配になり、明くる日、父を連れて病院へ行きました。診察の結果、胃ガンで余命半年の宣告を受けたのです。その後、仏様の加護もあって、約二年は、この世に留まることが出来ました。

死のにおい――。これは、人間の持つ本能が感じさせるのではないでしょうか。

私の鼻力を知っている人は、霊感だとか、霊能者だとか言う人がいます。しかし、それは違うように思います。たとえば、皆さんの中に、春夏秋冬のにおいを嗅ぎ分けることの出来る方がおられるでしょう。これは、季節の変わり目をにおいで知るという鼻力です。また、雨が降る前に、においで知る人もおられると思います。どちらもない方は、まわりの人に聞いてみてください。結構おられるはずです。これらは、人間、誰しもが本来持っていた能力なのだと思います。これらと同じで、私の場合も、死を嗅ぎ分けることが出来るということは、霊能力とは違うものです。ただ、この鼻力のせいで、少し奇妙な経験をしたことがあります。

ある日、近くの本屋さんに行ったときの話です。そこで、立ち読みをしていると、あのにおいが、どこからともなくただよって来ました。誰からだろうと周囲を見回すと、八十歳ぐらいの男性がいました。その人がにおいの元のようです。

こういうときどうすれば良いのか迷います。この時もそうでした。声を掛けて、なんと説明すればよいのかわかりません。そんなふうに迷っていると、その男性は不審に思われたのか、こちらを黙ってじっと見ておられました。私も目をそらさずにその方を見ていました。

すると男性は、黙ったまま私の方に近づいて来て、目の前まで来られました。そこで思い切って声を掛けました。

「何となく顔色が悪いように見えましたので、一度、病院に行ってみてください」

そう言うと、その方は、「私のことですか」と驚いた様子で答えられました。

「すいません。突然に失礼なことを言いまして」と私は頭を下げました。すると、すごく明るい元気な声で、

「いえいえ、ご親切に有り難う御座います。実は私、もう死んでいるんです」

男性は、笑顔で頭を下げられると、その場で消えて行かれました。

おそらく、亡くなられてから、さほど時間が経っておられなかったのではないでしょうか。ですからにおいが残っていたのかもしれません。それにしても、あの時の男性の笑顔はいまも印象に残っています。死後も元気にされている様子でした。

わたしの霊体験（その一）

「弟子にしてください」時々、私の所にこう言ってくる人がいます。そういう方にはいつも、「僧侶になるには、かなりきつい修行がありますが大丈夫ですか」と言います。そして、修行の内容を伝えると、大抵の方は、「止めておきます」と帰って行かれます。
お坊さんの修行は、宗派によってかなり違いがありますが、私のいる日蓮宗の場合、生半可な気持ちでは到底修行は終えられません。
私は修行時代、宗立学寮という寮で、四年間学んでいました。朝は五時に起き、水を頭からかぶる水行を行います。その後、掃除、読経、朝食を頂き、大学へ行き勉強をして、夕方から、また読経し、夜には、習字や唱題行（座禅）を行います。そして三年目の夏には、総本山がある身延山で、三十五日のお籠もりの修行にも行かなくてはなりません。これらをすべて終えた時、やっとお坊さんになれるわけです。

今回は、その寮生活中の出来事を紹介したいと思います。

寮では、一部屋を七から八人ほどが一緒に使います。ですから寝相の悪い人が隣にいると、朝までぐっすり眠ることが出来ません。

その日、私は隣に寝ていた同期生の寝相の悪さに起こされ、午前二時頃に目が覚めてしまいました。もう一度寝ようと思いましたが、他の人の寝息が気になり、目が冴えて眠ることが出来ませんでした。「体だけでも休めたい」そう思い、布団の中で横たわったまま、天井を眺めていました。外からは、土砂降りの雨音が聞こえていました。

「すごくきつい雨が降っているな」

そう思いながら雨音を聞いていると、その音に混じって、人の声が聞こえてきたのです。それも一人や二人ではなく、たくさんの人たちが話しているようでした。内容を聞き取ろうとしたのですが、たくさんの会話が行き交い、雨の降る音もしているため、「ざわざわ」という感じでしか聞こえてきませんでした。

そこで私は、布団から起き上がり、静かに廊下へ出ました。細く長いその廊下は、まだ真っ暗で、どこか不気味さを感じるものでした。そこで、耳を澄ませてみると、声は本堂の方角から聞こえて来ることに気づいたのです。寮と本堂は、廊下で繋がっていますので、そのまま一人で本堂へと歩みを進めて行きました。

本堂に近づくにつれて、声もだんだんとはっきりしてきました。「こんな真夜中に、大勢の参拝者が来ているはずはないんだけどな。雨宿りかな」この時点では、そのくらいにしか思っていませんでした。

もう少しで本堂というところで、右肩を誰かに摑まれました。驚いて反射的に息を吸い込み、一瞬声が出ませんでした。そして私の耳元で、「声を出すな」という男の声がしたのです。恐る恐る振り返ると、そこには先輩僧がおられ、「おまえこんな時間に何をしているんだ。すぐに部屋へ戻りなさい」と叱られました。私は「はい、すいません」と言って、すぐに部屋に戻りました。

その日の夜、先輩僧から呼ばれ、「あんな時間に何をしていたのか」と聞かれました。私は、本堂から聞こえてきた声の話をすべてしました。すると、「そうか。おまえにも聞こえていたのか」そうおっしゃいました。

先輩僧のお話によると、肉体を離れた霊体は、雨が降ると、まだ肉体があったときの感覚が抜けず、建物の中に入って来て雨宿りをすることがあると教えられました。その先輩僧は、雨が激しく降って来たので、集まった霊に線香を上げようと、本堂に行っておられたということでした。

もしも、雨の日の家の中で、大勢の人の声がしたときは、まだ肉体の感覚が残っている霊魂たちかもしれません。

わたしの霊体験（その二）

四年間の寮生活を終え、私はやっと僧侶の資格を得ることが出来ました。しかし、これで修行が終わったわけではありません。これから、僧侶としての経験を色々と積まなくてはならないのです。そこで私は、大きなお寺に行き、「お手伝いをさせて下さい」とお願いし、住み込み修行をさせてもらうことにしました。

一週間ほどが経った頃、先輩が、「今夜辺り、夜の見回り当番をしてもらおうか」とおっしゃいました。

「とうとう来てしまったか」正直そう思いました。

以前このお寺に泥棒が入ったことがあったらしく、それ以来、みんなが寝静まった時間に、当番制で見回りをすることになっていたのです。

深夜、築百年以上という古い建物の中を一人、懐中電灯を持って回らなくてはならないわけですから、怖がりな私にとっては修行の中でも特に厳しいものでした。

そしてとうとう、その夜がやって来ました。先輩と私が寝起きする二人部屋の扉を開けると、そこには長い廊下が続いています。私は一人、懐中電灯を持って歩き出しました。

古い廊下は、歩くたびにきしむ音がし、懐中電灯の明かりは、さらに怖さをかもし出します。恐怖心を抑えつけながら、「本堂」「応接間」「風呂場」などを見て回りました。そして最後に、廊下の突き当たりにある、「食堂《じきどう》」の戸締まりなどを確認しましたが、異常はありませんでした。

「食堂」から廊下をまっすぐに帰ると、突き当たりが私の部屋になっていましたので、小走りで戻ろうとしました。すると、その廊下の真ん中くらいまで来たとき、私の背後で、何か音がしたのです。振り返り、懐中電灯を照らしてみましたが、何もいませんでした。そしてまた歩き始めると、やはり背後で音がするのです。私は立ち止まり、耳を澄ませました。すると、「ペタペタペタ」という音が聞こえてきました。まるで水たまりを手で叩いているような音でした。

「おーい、大丈夫か」廊下の突き当たりの部屋から、帰りが遅い私を心配して、先輩が声を掛けてくれたのです。暗い廊下に部屋の明かりが差し込みましたので、その明かりに向かって走り出しました。

その瞬間、「うわっ」そう先輩が叫びました。そして「早く戻って来い」と言うのです。

私はびっくりして、部屋まで全速力で戻りました。

「どうされたのですか」と聞くと、先輩は、「おまえの後ろに何かがいた」そうおっしやるのです。話によると、犬や猫くらいの大きさの何かを見たということでした。そこで今度は、二人で確認に行こうということになりました。

再び、暗く長い廊下を「食堂」に向かって歩き出しました。そして、今きた廊下を戻っていると、また廊下の真ん中くらいで、「ペタペタペタ」という音がするのです。立ち止まり、二人で振り返りましたが、やはり何もありません。そして、ふと足下を照らしたその時、恐怖に体が凍り付きました。

髪の毛の長い女性が、血だらけでこちらを見ているのです。首や手足がバキバキに折れ曲がり、うまく立てない女性は、手をばたばたさせながらこちらに進んで来ていました。「ペタペタ」という音は、前に進もうと、血が付いた手で、廊下を叩いている音だったのです。先輩と私は、無我夢中で部屋まで走って戻りました。鍵を閉めて布団を頭までかぶって、朝までお経を唱え続けました。

日が昇り、明るくなったのを確認した私たちは、昨夜の話を報告しようと、住職のおられる離れまで行きました。話をしようとすると、「今日はお葬式が入ったので、すぐに本堂の用意をしなさい。話はその後で聞く」とおっしゃるのです。

仕方なく、本堂の用意をしていると、葬儀屋さんがご遺体を運んで来られました。そして、本堂にご遺体を安置する際に、「棺は絶対に開けないで下さい」と言われました。

その理由は、飛び降り自殺により、手足や首が複雑に折れ曲がっているからというものでした。

本堂に飾られた遺影を見て、私たち二人は、驚愕したのです。そこには昨夜見た女性の姿があったのです。もしかすると、葬儀の前に、私たちに挨拶をされに来られたのかもしれません。

縁の下の「何か」

ある工務店から、「縁の下に何かが居るようなので、見に来てください」と電話がありました。「縁の下に何かが」と言われた時点で、少し不安を感じました。もし生き物ならお寺に頼みはしないでしょうから、生き物以外の〝何か〟ということになります。仮にこの時点で、「何か、とは何ですか」とお聞きしても、明快な答えが返ってくることはないだろう。そう考えた私は、さっそく現場に向かいました。
そこは、閑静な高級住宅街の中にある一軒家で、まわりの家のほとんどが京都に不釣り合いなほど洋風なのに対し、その家は純京町屋といった感じの新築でした。
家には老夫婦が二人で住んでおられ、丁寧な態度で私を迎えて下さいました。「どうぞ、お上がり下さい」と、和室の部屋に通されると、すでに工務店の方と大工さんが来られていました。お茶を頂きながら挨拶をしていると、急に、「ドンッ」という、何かが倒れたような大きな音がしました。

「ご住職さん、今回来ていただいたのは、あの音なんです」そう言われた工務店の方の声は、明らかに震えていました。

そして、「私が、最初から話をします」そう前置きをした大工さんは、大きく一呼吸ついてから話し出されました。

「この家はご覧の通り、建てたばかりの新しい家です。そこへ施主さまのご夫妻が引っ越しされてきました。ところが、住み始めてすぐに、先ほどのような大きな音が時々すると、工務店に連絡を頂きました。私が、音のする場所を探してみると、どうやら台所近くの廊下でした。廊下というより、その下と言った方が正確かもしれません。しかもその廊下は、軽く足で踏むと、床がへこんで、抜けたようになっていたんです。

私は、縁の下から床下に潜り、廊下の下まで行きました。懐中電灯で、床下を見ると、横木が折れていました。問題はその折れ方です。上から踏んで折れたというのではなく、下から押し上げられて折れていたのです。しかも、湿気抜きも施してあるにもかかわらず、何故か、その辺りだけ、地面が濡れていたんです。見ただけでは原因も解らず、取り敢えず縁の下から出ようと、身体を反転させました。そのまま腹ばいになって、進もうとしたとき、突然、〝何か〟が、私の両足を掴み、引きずったんです。

私は必死にもがいて外に出ました。出てから両足を見ると、両足首には、泥が付いていました。見たわけではないんですが、確実に何かが縁の下にはいるんです。もしも生き物なら、足跡や、臭いでわかりますが、明らかに動物ではないと思います」

大工さんは、話しながら一連の出来事を思い出されていたのでしょう。クーラーの効いた部屋にもかかわらず、冷や汗を流しておられました。

一緒に聞いておられた老夫婦も、思い当たるような節はないと、首をかしげておられました。

私もこの時点では正体はわかりませんでした。取り敢えず、台所の廊下に行き、座って読経を開始しました。

読経が終わって、後ろを振り向くと、工務店の方と大工さんが、「お経の声に混じって、水の音が聞こえてきた」、そうおっしゃるのです。私はそこで、〝何か〟の正体に気がつきました。

「もしかして、この建物を建てられる時に井戸はありませんでしたか」と尋ねると、二人は大きく頷かれました。〝何か〟の正体は、井戸だったのです。私がこの答えに至ったのは、過去にある出来事があったからです。

以前、私のお寺で、庭の工事をしていたときのことです。深夜、男の子が工事現場の金網に登っている姿を見たことがありました。これは何かあると思って工事監督に伝え、くまなく探したところ、地面から古井戸が出てきて、コンクリートで蓋がされていたのです。昔から、使わなくなった井戸に蓋をしてはいけないと言われています。ですから、今も蓮久寺の門の横には、その井戸から引いた空気抜きの穴が空いています。

早速、工務店は空気抜きの穴を作る工事をしました。すると、それ以来、何事もなく、老夫婦も生活されているということです。

昔からの言い伝えというものは、簡単に切り捨ててはいけないものなのです。

もう一人の自分

みなさんは、ドッペルゲンガーという言葉をご存じでしょうか。これは、自分以外の自分がいる現象です。つまり、本体である自分から抜け出した、もう一人の自分が目撃される現象のことをいいます。

ドッペルゲンガーについてはたくさんの話を聞きますので、比較的によくあるようです。そんな私自身も、居るはずのない場所で目撃された経験が何度もあります。たとえば、ついさっきもこの原稿を書いていたのですが、家族が私を台所で見たと言っています。台所にいた私は、水を飲んでいたそうです。そして、声を掛けると、何も言わずに隣の部屋へと入って行ったと言っています。

さて今回は、「もう一人の自分を見た」という方のお話をご紹介いたします。

ドッペルゲンガーにはある噂があり、自分でもう一人の自分を見てしまったら、死期が近いというのです。この話を竹内君という子に話しました。すると、「そんなことはないです」と反論するのです。なぜ竹内君は、違うと言い切ったのか、それには彼のこんな体験があったからです。

彼の仕事は庭師で、お寺などの大きな庭の剪定や整備が仕事です。まだ竹内君は、庭師としての修業中なので、木に登っての剪定などはやらせてもらえませんでした。

そんなある日、彼が朝一番に仕事先の庭に着いて、先輩方を待っていると、誰かが木に登って剪定作業をしています。不思議に思ってその木を見ると、登っていたのは、間違いなく自分だったそうです。驚いて声を掛けようとしたとき、消えてしまったというのです。しばらくして、先輩方が着かれて仕事が始まると、その日初めて木の上での剪定が許されたそうです。

またある時は、休日に友達数人と山登りに行った時、天候が急に悪くなり、しかも初めて登る山で、登山道を見失いました。何時間も歩き通しで、みんな疲れが出はじめていたので、少し休憩をしようということになったそうです。しかし一人だけ休まずに歩こうとする人がいて、引き止めようと追いかけると、そこには黙々と歩く自分がいたというのです。

そこにいた友達も全員目撃したのだそうです。その人の後をみんなで追いかけると、ある所で姿が消えたらしいのです。その消えた場所が、登山道で、みんな無事に帰って来られたという話です。

竹内君が言うには、ドッペルゲンガーとは、未来の自分の姿ではないかというのです。しかも、もう一人の自分を見たことにより、山から遭難せずに帰って来ることができたのだから、死期が近いなどということは考えられないといいます。

今も彼は元気に庭師をしていますし、確かにもう一人の自分を見たら死期が近いというのは、単なる噂なのでしょう。彼が言う通り、もう一人の自分が未来の自分の姿だという論も、考えられることかもしれません。

ある人が自宅で映画を見ていて、トイレに行きたくなったそうです。次のコマーシャルまで我慢しようと見続けていると、トイレで何か音がしたらしいのです。ちょうどコマーシャルに入ったので見に行くと、そこにはもう一人の自分がトイレを使っていたという話も聞いたことがあります。これも、未来の自分の姿なのかもしれません。

この原稿を書いている私は今、のどが渇いてきました。今回の話は、ここまでとさせて頂き、台所に水を飲みに行ってきます。

そこで、さっき家族が見たという、もう一人の自分とすれ違うかもしれません。

どちらからお越しですか

京都では、八月にお盆の行事が行われます。お盆というのは元々、目連さんというお釈迦様の弟子の母親が餓鬼界に落ちていたので、それを救うために行われた仏教行事です。

これが由来となって、日本では年に一度お盆の供養を受けるために、ご先祖さまやその他の霊が、この世界に帰ってこられるという行事となったのです。

私のお寺では、このお盆の法要は年間を通して、一番大きな法要の一つとなっています。今回ご紹介するお話は、そのお盆の法要のときに起こった出来事です。

その日は、法要の準備を手伝うために、若い人たちが朝早くから来てくれていました。中には、私が会ったことのない人も来てくれています。これは私の寺の特徴のひとつで、宗派が違っても、通りすがりの人でも、法要に参加していただけるようにしております。ですから、参拝の方やその知人の方、たまたま入ってこられた方などで大変賑わうわけです。

法要が終わってからも、大勢の方々が、まちまちに本堂で世間話をしておられました。初めて参拝に来られた方の中には、話す相手がなく、ぽつんと一人でおられることがあります。そんな時は、大抵、家内が声を掛けて、話をさせてもらうことになっています。

　この日もそうでした。

「初めて来られた方ですか」家内が声を掛けると、緊張した面持ちで頷かれたそうです。その方は、どこか影のある若い女性で、見た感じ大人しそうで、内気な方のように感じたそうです。

「お住まいは、ご近所ですか」そう尋ねても、下を向いたまま頷かれただけで、声に出しては答えられなかったそうです。そこで家内は、「何かご相談されたいことがありましたら、住職を呼んできましょうか」と聞きました。すると彼女は初めて声に出して答えられたそうです。

「実は……〇月〇日に、私は……死んだんです」

　そう答えられたというのです。

　家内は、驚いたというより、意味が分からなかったので、

「すいません。周りがうるさくてよく聞こえなかったんですが」

と、もう一度、聞き直したらしいのです。

　すると、

「〇月〇日に、私は両親を残して死んだんです」

　そう言われたというのです。

「失礼ですが、お名前はなんとおっしゃるんですか」優しく問いかけると、「西浦景子

です」と、俯いたままで答えられたそうです。

「どちらからお越しですか」そう尋ねると、

「〇月〇日、私は死にました。だから住所は……あの世です。両親が楽しそうにお寺に来ているので、安心しました。ありがとうございます。感謝しています」

はじめて顔を上げて、家内の目を見ながらそう言った彼女は、その場ですうっと消えたというのです。

家内が最後に見た彼女の顔は、幸せそうに笑っておられたということでした。この話を聞いた私は、安心しました。というのは、西浦景子さんは、数年前にお亡くなりになられた檀家さんの娘さんで、ご両親は、この時のお盆の法要に出席されていた方でした。

お盆の法要にはたくさんの方が来られますが、中にはあの世からのお客さんも、時折来られているみたいです。

人形

「人形供養をお願いします」

そう頼まれることはよくあるのですが、珍しいと感じたのは、持ってこられた方が、まだ二十代そこそこといった感じの男性だったからです。

「承知しました。お預かりして、後日、お焚きあげしておきます」そう私が答えたのは、他にも持ってこられる予定の人があったので、その時に一緒に供養しようと思ったからでした。

それを聞いた男性は、「それでは困るんです。今すぐにして下さい」何かせっぱ詰まった様子でおっしゃるのです。「これは何か特別な訳がある」そう思った私は、この人形にまつわる話を詳しくお聞きすることにしました。

「この人形は、どういった経緯でお持ちになったのですか」そう私は切り出しました。

すると男性は、少し話すのをためらうように、

「人形に聞かれたくないんですが」

そうおっしゃいました。

「そうですか。では人形を本堂に置いて、奥の間でお話ししましょう」

そう言って、男性から人形の入ったバッグを受け取りました。そして、バッグから人形を出そうとしたとき、男性は叫ぶように大声で、

「そのまま、そのままバッグから出さないでください」

と言われるんです。男性がかなり怯えておられるようなので、言われた通り、バッグに入れた状態で本堂の前机に置きました。

奥の間といっても、本堂のすぐ隣で、ふすま一枚で仕切られただけの部屋です。温めのお茶を二人ですすりながら、ようやくお話を聞くことができました。

男性のお話によると、人形はなかば強制的に家にやって来たとおっしゃるのです。

――その日は昼過ぎから雨が降り始め、私が仕事を終えた頃には、かなりきつく降っていました。傘を持って出なかったので、一人暮らしの家に着いた頃には、全身ずぶ濡れでした。鍵を開けようと、玄関の扉の前まで来たとき、そこに小さめの段ボールが置かれていたんです。箱には送り主や差出人の名前などは、一切書かれていませんでした。

不審に思ったのですが、取り敢えず家の中に持って入りました。段ボールはいつ頃から置かれていたのか、雨に濡れて、箱が歪んでいました。濡れた服を着替え終わって、一息ついてから箱を開けてみると、中からあの人形が出てきたんです。人形は、金髪にドレスの洋風のもので、顔はなぜか怒っているような感じがするものでした。

「誰かが要らなくなって、処分に困り、この家に持ってきたんだろう」そう思いました。普段の私なら、すぐにゴミ箱に入れるのですが、この時は違いました。

人形の服や髪の毛が濡れていたので、かわいそうに感じて、その日は台所の机の上に置き、一晩このまま乾かしてやろうと思ったのです。

次の朝、私が朝食のパンを焼こうと、台所に行くと、何かにかじられた跡があったのです。「ネズミが出たのかな」そう思って、出勤前に、ネズミ取りを台所に仕掛けて出かけたのです。出かけてすぐに、人形のことを思い出し、ついでに持って出て捨てれば良かったと思いましたが、今更取りに戻るのもめんどくさいので、帰ってから処分しようと考えていました。

夕方、仕事を終えて帰宅すると、仕掛けていたネズミ取りに人形が掛かっていたのです。「何かの弾みで、人形がたまたまここに落ちたんだろう。それともネズミが人形を巣に持ち帰ろうとした途中、引っかかったのかもしれない」

私は正直、少し恐怖を感じていました。その恐怖を振り払うために、必死で人形が罠に掛かった言い訳を自分にしていたのです。

私は人形を罠から外すと、バッグに入れて、ジッパーをしっかり閉めました。そしてさらに、バッグごとゴミ袋に入れ、そのまま、近くのゴミ収集場所まで持って行きました。ゴミ袋をそこに置いて帰るときには、なぜか罪悪感のようなものを感じましたが、

そのまま走って家に帰りました。

そして今日の朝、玄関の郵便入れに新聞を取りに行くと、そこには捨てたはずのバッグがありました。私は咄嗟にバッグの中身を確認しようと、ジッパーを開け、中に手を突っ込んだ瞬間、「痛っ」指先に一瞬痛みが走りました。反射的に手を引き抜くと、指先から血が出ていました。傷跡をよく見てみると、そこにはまるで、こびとにでも噛まれたような、小さな歯形が付いていたのです。体中の毛穴から冷たい汗が噴き出てきました。

「絶対に間違いない。誰がなんと言おうと、この人形は生きている」

そう確信したのはこのときでした。

このままどこかの家の軒先にでも持って行こうかとも思ったのですが、よくよく考えてみると、生きている者を捨てるわけにはいかない。かと言って家に置いておくのも怖いような気がする。そこで、お寺に持ってきたのです。彼女は、怒っているんだと思います。もう要らないからと捨てられたり、気味悪がられたり、人間のわがままによって、翻弄されてきたんでしょう。もちろん私もその一人なわけですが。どうか、今日、成仏させてやりたいんです。


男性は、そのように話をしてくれました。そして、本堂に行き、私がバッグの中にいる人形を取り出しました。取り出した人形の顔は、男性が言っていたものとは違い、微笑んでいました。それには男性も驚いておられました。

「今まで、たくさんの人間をなぐさめ、喜ばしてくれてありがとう。そして、心ない人間のしたことを許してください」そう願いながら、無事お焚きあげは終了しました。

それからも男性は、時折、お寺に来ては、人形のために、手を合わせています。

鉄道マニア

「マニアな人」という言葉がありますが、言い換えると、「取り憑かれた人」と言えるのではないでしょうか。

私の知り合いに、「鉄道に取り憑かれた人」がいます。そんな彼から、興味深い話を聞きましたので、ご紹介したいと思います。

「線路沿いに部屋を借りたのは、大学への通学に便利だからではなく、また家賃が安いからでもありません。単に電車が好きなんです。さらに部屋の窓からは踏切が見えて、踏切が下りる警告音が聞こえてくるという、まさに最高の立地条件だったんです。踏切が近いということは、電車は減速し、時には汽笛が聞こえてきたり……」

彼が電車にまつわる話をし出すと、相づちを必要とはしません。相手が聞いているかどうかなど、おかまいなしにしゃべり出します。あと何分くらい話が続くのかと思っていると、先ほどとは打って変わって、話のスピードがゆっくりになりました。

「そうそう。そういえばこんな話を知ってますか」

そう言いながら、彼は鞄から数冊のノートを取り出しました。そこには、電車に関係のある新聞の切り抜きや、使用済みの切符がたくさん貼られていました。

「この記事読んで見て下さいよ」そういって数枚の新聞記事を見せてくれました。記事にはこんな事が書いてありました。

平成十五年八月十二日。午後一時四十分頃、青森発八戸行き回送列車（六両編成）の運転士が、前方線路内にリュックを背負った老女がいるのに気が付き、急ブレーキをかけて停止。運転士は「接触した」と感じ警察に連絡。周辺を捜索したが、老女の姿はなく、車両にも接触した形跡はなかった。

平成十九年十二月十三日。午後七時二十五分頃、名古屋発札幌行き貨物列車が、青森市奥野付近で緊急停車。運転士は、警察などに「線路におばあさんがしゃがんでおり、人身事故を起こした」と連絡。警察や消防、駅員らが捜索するが、「おばあさん」は発見できず。車両にぶつかった痕跡もなかった。運転士は「確かに人がいた」と話している。

平成二十二年八月一日。午前十時四十八分頃。野々市駅で、通過予定の名古屋発富山行き特急「しらさぎ1号」(八両編成)が急停止。男性運転士が「ホームから飛び降りた人をはね、衝突音も聞いた」と連絡。警察が人身事故とみて付近を捜索したが、けが人は見つからなかった。しかし、先頭車両には衝撃を受けたとみられる破損個所があり、JR西日本金沢支社は「全国でも例がないケースで原因は分からない」としている。

「どう思います」彼は何故か得意げに私に問いかけました。

「どうかな。ひょっとしたら疲れもあって、見間違いかもしれないよ」と私が答えると、彼はゆっくり手を振って、「見間違いじゃないですよ」と言うのです。

「リュックを背負ったおばあさんは、きっと電車が好きだったんですよ。だから、死後も色々な電車に乗って旅を続けているんですよ。ゆっくりと眺めたいときには、運転手をびっくりさせて、止まらせて見る」

「どうして言い切れるの」

「だって、私の部屋から何度も見ましたからね。そのおばあさん」そう言うと、少し笑みを浮かべた彼は、続けてこう言いました。

「最近、近所では見ないから、今頃またどこか遠くの線路や駅に、しゃがんで電車を待ってるんだと思いますよ。私も死んだら仲間に加わるつもりです」と。

神鳴り

ピカッ！

一瞬、家の中にまで明かりが届きました。

私は布団の中で一、二、三と数を数えます。三から四に行く中間くらいで、「ゴロゴロゴロ」と聞こえました。この場合、まだ安全です。

夏の夜に雷さんが京都上空を歩いて行く。

いい大人が、雷が怖くて、布団の中で数を数えるなど子供じみているという人がいます。でも、それは間違いです。京都人は、雷の真の恐怖を知っているのです。

その昔、菅原道真は、無実の罪によって流罪にされた。そして、その流罪先で無念の死を遂げました。それからというもの、京都では、落雷による災害が相次ぎ起こりました。そして、皇居内の清涼殿にまで落ちたのです。京都の人たちは、「これは菅原道真の祟りである」として、北野天満宮を建立し、道真の御霊を鎮めたのでありました。

そもそも、「神鳴り」と表記していたくらいで、神が鳴らすものだと言われていました。

ここまで説明すれば、私が布団の中で数を数えることの正当性が解っていただけたでしょう。

菅原道真の御霊を祀る北野天満宮では、毎月二十五日に縁日が開かれ、露店や骨董市が開かれています。私は骨董市が大好きで、これ目当てに毎月通っております。

ということで、今回は、「神鳴り」について少し話をしようと思います。

「神様と、雷は関係ない」という人がいるが、そんなことはない。「神鳴り」というものは存在するのです。

場所は京都の片田舎。若者は職を探し、都会へ。年寄りも子供たちの元へと移り住む。やがて過疎化が進み、住む人がほとんどいなくなりました。

そんな村から相談依頼があり、今回は泊まり込みで村へと向かうことになりました。

私は寺の軽自動車に乗り込み、村へと出発しました。

時刻は午後二時。

この日は、日差しが強く、車内は蟬すら死ぬのではないかというくらい暑い。もちろん愛車にクーラーは付いてはいますが、なぜか効きがよくありません。おそらく、山道が続く道のりで、走ることに精一杯の愛車には、車内の温度を気にする余裕がないのでしょう。修行と思って乗り切ること約三時間。午後五時過ぎに村に着きました。

村は、山に囲まれており、谷間に集落があります。人が住んでいるかどうかはわかりませんが、そう古くもなさそうな家が山の斜面に七、八軒ありました。その中の一軒が、今回の相談の依頼主の家でした。

表札を見ながら坂道を登っていくと、途中の家から初老の男性が出てきて、私の方を見ながら手招きしてきました。

足も影もある。間違いなく生きている人間です。窓を開け声を掛けました。

「山上さんですか」

「遠くからお呼びだてしてすいません」と言いながら、スローモーションのように深々と頭を下げられました。

車から降りると車外はかなり涼しく思えました。

山上さんの家は、古さは感じるものの、二階建ての大きな屋敷。都会であれば相当なお金持ちの豪邸といったところで、しかも、横には蔵が建っています。通された部屋は、二十畳ほどの広い和室。

「粗茶ですが」と、出されたお茶はキンキンに冷えていました。お茶を飲みながら私は気になることを聞きました。

「山上さんは、この家にお一人で生活されているんですか」

「いや～、家内は去年ここで亡くなりましてね。今、私は息子夫婦と大阪におります。私も今日、久しぶりに帰って来ましてね」

話す口調は、短気な人だと苛々《いらいら》するだろうくらいゆっくりだ。

「そうですか」

「お坊さんは今夜、ここでゆっくり寝てください」

「え、山上さんは？」

「私は、近くに住んでいる村の元住民たちに声を掛けて、明日の朝、お迎えにあがります。食事は用意出来ていますので、ゆっくりお食べ下さい」

と言うと、奥からお膳を出してきてくれました。

「ということは、今、この村には誰もお住みでないということですか」

「そういうことになります」と寂しそうにうつむきながら答えてくれました。

少し早めの夕食を頂きながら、相談を聴くことになりました。その内容を要約すれば、次のようになります。

この村は、過疎化により廃村となることが決まりました。村人も出て行く先がそれぞれ決まり、現在は誰もこの村には住んでいません。

しかし、ひとつ気がかりなことがありました。それは、村に古くからある祠《ほこら》です。この祠は、山上さんが生まれるずっと前からあったらしく、悩みがある時、また、楽しいことがあった時など、何かにつけて手を合わせて報告していたとのことです。いわば、この村の人たちにとって、先祖から受け継いできた大切な宝であり、精神的な支柱になっていました。

祠は、この村の坂の一番上にあり、中には、石像の仏様が祀られています。

ではなぜ私に白羽の矢が立ったのかといえば、村の住民の一人が、北野天満宮の縁日で骨董好きのお坊さんがいることを聞いたそうです。

確かに、骨董好きではあります。しかしそれが今回の相談事とどういう関係があるかといいますと、答えは簡単でした。

祠にある石仏は村の宝であり、放置するのは忍びありません。それはかなり古い石仏でした。いわば骨董に属するようなものです。骨董好きのお坊さんなら、喜んで持って帰り、お寺にお祀《まつ》りしてくれるだろう。そうなると、村人は何かの時にはお参りできる。そのように村人会議で決まったようでした。

いくら骨董好きとはいえ、持ち帰れる大きさかどうかもわからない。すぐには了承出来ないので、一度見てから判断させて欲しいと言いました。

山上さんは、「大丈夫ですよ。そんなに大きくないですから」と、私の判断を待たずして結論を出してしまいました。

食事も終わりお膳を片づけた後、屋敷の近くに止めてあった普通乗用車に乗り込んだ山上さんは、猛スピードで村を飛び出していきました。

私は廃村に一人残されたのです。

やがて、雨が降り出しました。山の天気は変わりやすいと聞きますが、まさにその通り。雨は次第にきつく降ってきました。

気晴らしにテレビをつけたいが、テレビもありません。

その時、恐れていたことが起こりました。

光った。光ったのです。

しばらくして、「ゴロゴロゴロ」という地響きに近い音。

布団にもぐって数を数えました。一、二、といったかどうかで、「ピシャッ。ドゴドゴドゴ」と、地響きと共に音がしました。落雷です。

近い。雷さまは、すぐ近くを歩いておられるようです。

こうなったら仕方ありません。布団の中で、ひたすらにお経を唱える。そうしていることで、精神をギリギリ正常に保つことができるのです。

気づいた時には、朝になっていました。布団から上半身を起こすと、人の気配がしました。

「おはようございます」と山上さん。

その他に、村の人たちが十人ほど来ていました。

「昨日はすごい雷で、近くに落ちたようですよ」と、私は昨夜のことを報告しました。

「そうでしたね。あんなに大きな雷は、珍しいですよ」

どうやら、村人たちにも聞こえていたようです。

用意された朝食を取って、みんなで山頂の祠まで行きました。取り敢えず、お経を上げて、石仏のその後について話し合わなければなりません。

「あっ！　えらいこっちゃ〜」

祠の近くまで来たとき、数人の村人が異変に気づきました。

祠が壊れています。昨夜の雷は、祠に落ちたようです。

壊れて崩れ落ちた祠の残骸を除《の》けると、下から石仏の頭が出てきました。

祠と同じく石仏も崩れてしまっていました。

ショックを隠しきれずに、みんなうなだれて、泣き出す村人もいました。

私は崩れた祠に向かい、静かにお経を上げ始めました。

村を長年守り続けた石仏は役目を終えて、廃村と同時に天に帰られたのでしょう。昨夜の雷は、まさしく「神鳴り」で、村や村人たちとの最後の別れの挨拶だったに違いありません。

村がなくなっても、思い出はなくならない。

人と人との別れに似ています。私はそう感じました。

「妙法蓮華経」は、「最勝経」「王経」などと呼ばれ、お経の中で最も優れたものとされています。しかしながら、「難信難解」すなわち、「信じることも、理解することも難しい」お経なのです。ただでさえ難しいお経の中で、さらに難しいのです。

どのように難しいかと言いますと、このお経には、「妙法」が説かれているのです。

「妙」とは、「不可思議」という意味です。ですから不可思議なことが起こると、「妙だな」と表現するのはこのためです。「法」は、ダルマという意味があり、簡単に言えば、「法則」です。ですから、「妙な法則」が書かれているお経なのです。

人間には理解しがたいが、不可思議な法則があり、その中に我々も、世界も宇宙も存在しているのです。

死者の魂、輪廻転生、仮の世界など、信じられない方もおられるでしょうが、真理の説かれているお経に書かれている以上、そんな不思議な世界は存在し続けているのです。

第四章　邪気

私は、子供が大好きで、無邪気に遊ぶ子供たちの姿は、何より私を癒してくれます。

「無邪気」という言葉は、仏教から出た言葉です。欲や煩悩などの、邪《よこしま》な気のことを邪気と呼びます。この邪気を無くすために、写経をしたり、水をかぶったりといった修行もしてきました。

しかし、邪気を無くすことは困難なことだと自覚するばかりで、なかなか無邪気な境地に達することが出来ずにいます。

このままでは私は、この世を旅立った後も、邪な霊となってしまうのではないかと心配しております。

さて今回は、無邪気な子供たちとの不思議な出会いを綴ってみました。純粋無垢な子供たちは、肉体を失った後も、その魂は変わらないようです。

マンション（その一）

夕食を食べようとしている時に、あるマンションの管理人から電話がありました。内容は、「今からすぐに来てもらえませんか」ということでした。私は詳細を聞くことなく、「すぐに行きます」とだけ返事して、そのまま車でマンションに向かいました。詳細も聞かずに現場に向かったのには理由があります。

以前、同じマンション管理会社から連絡があり、マンションに行くと、警察の方々が居り、部屋には自殺による遺体がありました。明らかに自殺であると断定できた場合など、僧侶がお経をあげてから細かな捜査をされることがあります。

今回も、もしかすると同じケースかもしれないと思い、すぐに出かけたのです。

そのマンションは、八階建てで、建てられてからまだ年数も経っていない新しい建物でした。オートロック式の扉の前まで来たとき、管理人さんが来られました。

ここではじめて、今回の詳細を聞くことが出来ました。管理人さんによると、八階の住人から女の子の霊が出るという苦情があり、お祓いをして欲しいというものでした。事故でないことに安心した私は、エレベーターに乗り八階へ行きました。

エレベーターを降りると、依頼元の住人の老夫婦がおられ、部屋に入るのが怖いと言っておられます。

ご夫婦からお話を伺うと、昨日の深夜、キッチンで音がするので見てみると、見たことのない小さな女の子が食器を触っています。声を掛けると女の子はすっと消えて、食器が床に落ちたというのです。その日はそのまま寝たそうなのですが、朝起きると、戸棚の扉や窓、タンスの引き出しなどすべて開いていたというのです。

夫婦は、管理人さんにいって、防犯カメラを見たそうですが、怪しい人物や、まして小さな女の子は確認できなかったというのです。ところが、一時間ほど前も、トイレや風呂場で、女の子が何かを歌う声がしていたというのです。

私は話を聞き終えると、その部屋に入りました。高級ホテルのスイートルームを思わせるような造りで、何室もの部屋がありました。その中の一室に和室があり、仏壇が置かれていたので、そこで読経することにしました。

お経を読みながら私は心の中で、この部屋に居るであろう女の子に、優しく語りかけました。「ここにいてはいけないよ。住んでいる人が怖がっているからね」と。

読経を終えると、ご夫婦も安心されたようで、お礼を言われ、部屋を後にしました。私は八階のエレベーターの前で別れ、一人で乗りました。

このマンションのエレベーターには、縦長に二つの窓が付いていました。八階から降り始めたエレベーターの窓には、八階と七階の間の壁が見え、すぐに七階の廊下が見える、そしてまたその間の壁といった感じです。

それはちょうど六階を過ぎた辺りだったでしょうか、エレベーターのスピードが落ちました。そして四階の廊下が見えたとき、その廊下で、こちらを見ながら小さな女の子が私に向かって手を振っていました。一瞬の恐怖が走りましたが、エレベーターは止まることなく、再びスピードを上げて、一階まで下りました。

ひょっとすると、女の子が私にお礼を言いに来てくれたのかもしれません。

マンション（その二）

ある日、以前に訪れたマンションの住人の方から連絡を頂きました。女の子の霊が出るとの事でしたが、今では何事もなくなったようです。わざわざお礼を言うためにご連絡下さったのかと思っていると、そうではありませんでした。なんと今度は四階にあの女の子が出て、同じようなことが起こっているというのです。

前回私は、「ここにいてはいけない」と読経した結果、私の言うことを聞き入れ八階を離れて四階に引っ越してくれていた訳です。

私は再びマンションに行きました。そして今回は四階を訪ね、そこで読経をしました。

今度は読経しながら、成仏するように祈りを捧げました。しかしながら、迷いのある霊を一度の読経供養だけで、成仏させることは大変難しいことなのです。人間にたとえれば、迷いや悩みのある方を一度の助言だけで救えることが少ないのと同じことです。そう思いながらも成仏を願い、読経を終えました。

その帰り、一人でエレベーターに乗り込んだとき、今度はエレベーターの窓から外を見るのが何となく怖かったので、下を向きながら乗っていました。

すると、動き出してすぐくらいに、エレベーターのスピードが落ち始めました。誰かが乗ってくるのか、それとも又、女の子が手を振りに来ているのかと思っていると、エレベーターは止まり、扉が開きました。誰も乗っては来ません。

私はエレベーターの上にある階表示を見ました。表示は一階を指していました。「よかった」と思い降りようとしたとき、ふと横にある液晶モニターに目がいきました。その液晶モニターの画面には、私の後ろ姿が映っていました。そして、そこに映っている私の後ろに、張り付くように女の子がいるではありませんか。

一瞬、恐怖が私を襲いましたが、放っておく訳にはいかないと思い、「一緒にお寺においで」と口に出しながら振り向きました。しかし、そこには誰もいませんでした。

帰りの車を運転しながら、あの子は何処に行ってしまったのだろうか、無事成仏してくれているかな、などと考えながらお寺に帰りました。車を駐車場に入れようとしてバックミラーを見たとき、後部座席にあの女の子が乗っていました。その時は、恐怖というよりも、安心感を感じました。やはり成仏できずにお寺に付いてきたのです。

その日以降、参拝者の方から、「お墓で遊んでいる女の子は誰ですか」とか、ガソリンスタンドの店員さんから、後部座席に手を振りながら、「かわいいお子さんですね」と言われたりするようになりました。また、夜に子供の足音が度々聞こえたりもしています。今ではお寺が気にいってくれているようです。日々、読経する中で、今でも女の子の供養を続けていますので、いつの日か成仏し、足音の消える日が来ることを祈っております。

後日談ですが、そのマンションが建つ以前は、そこに一軒の家があったそうです。しかし、火事になり全焼し、中から両親と女の子の遺体が出てきたそうです。

おそらく、両親が先に成仏してしまい、女の子だけが残ってしまっていたのでしょう。

盗難車

お坊さんの仕事の一つに、教誨師というものがあります。これは、刑務所に行き、受刑者にお経やその教えを説く僧侶のことをいいます。

たとえば、何宗のお坊さんを呼んで欲しいと受刑者が希望した場合、その宗派の教誨師が、面会に訪れるというものです。

時々、教誨師の方が、都合がつかず、代理で私が行かせて貰うことがあります。このときも、そんな理由から、私が刑務所を訪れました。

刑事ドラマに出てくる取調室の様な部屋で、このときは面会をしました。

依頼者はまだ二十歳を超えたばかりの青年で、窃盗罪により服役しているということでした。

彼は、挨拶し終えると、早速、今回の依頼内容を話し始めました。


――逮捕前、私の収入源は、車の窃盗でした。

「鍵を付けっぱなしで車から離れるなんて、盗んで下さいと言っているようなもんだ」とその時は、まったく罪の意識がなかったのです。そして、盗んだ車を港まで運び、そこで知り合いの外国人の船に乗せ、現金を受け取るという具合だったんです。

その日は、夕方近くに車を盗み、朝一番の船に乗せる予定だったので、問題は朝までの数時間を捕まらずにいることでした。

夜、港に向けて、出来るだけ人気のない田舎道を選んで、車を走らせていました。

「予定よりも早く着きそうだ」そう考え、途中、ライトを消して車内で仮眠を取って、時間を潰していました。時折、車は通りましたが、どの車も速度を落とすことなく過ぎて行きました。

安心して寝ようとした時、一台の車が近づいて来ました。そして、私の乗っている車の前に停車しました。運転席からは女性が一人降りて、こちらに向かって歩いてきました。

「やばい」そう思いました。

女性は、運転席の窓を覗き込みながら、「大丈夫ですか」と、心配そうな顔つきで尋ねてきました。

「あ、いや、ガス欠でね。今友達が来てくれるので」咄嗟に私はごまかしました。すると、「そうですか」と言いながら、女性は何やら車の屋根を見ていたのです。そして、「車の上にしがみついていた子供さん、どこかに行きましたよ」と変なことを言うのです。

私は思わず「子供?」と、聞き返しました。

すると女性は、「ええ、さっきまで車の上に子供さんがいましたよね。それで気になって声を掛けたんです」と訳の分からないことを言ったんです。

「ああ、子供ね。大丈夫。すぐに帰って来ますから」訳が分かりませんでしたが、早く帰って欲しいと思い、適当に話を合わせました。

「そうですか」そう言うと、女性は車に戻り立ち去りました。

　一度顔を見られた場所からは、すぐに立ち去る事にしていましたので、エンジンを掛けて、また港に向かって夜道を走り出しました。

「それにしても気味の悪い事を言う女だった。車の上に子供なんかが居るはずがない」

私は少し気味が悪くなって、ラジオをかけたんです。

　田舎道で、なかなか電波の入りが悪く、スピーカーからは、「ザー」という音しか聞こえて来ませんでした。私はさらに調整ダイヤルを回しました。

　すると、突然聞こえてきたのです。

「ザーザー……うしろにいるよ……ザーザー……」

　雑音の中に一瞬、ハッキリと電波が入ったんです。しかも子供の声でした。「うしろにいる」という言葉に、思わず振り返ってしまいました。

　その時、「ガシャーン」という大きな音と共に、車は電信柱に突っ込んだのです。

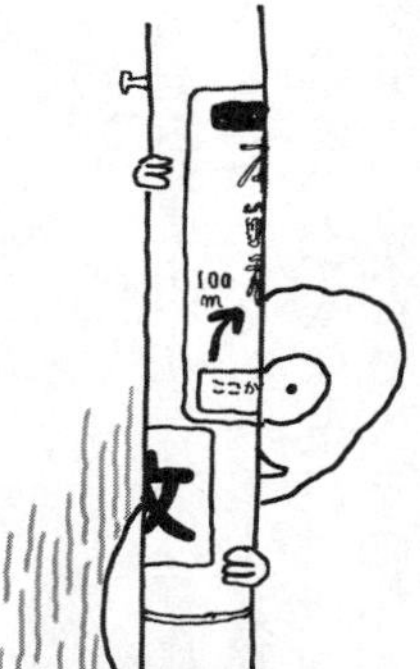

その事故により、盗難車という事がばれ、彼は逮捕されたそうです。しかもその時の事故により、右耳が聞こえなくなったというのです。

それなのに、夜になると時折耳元で、……うしろにいるよ……と言う子供の声がすると言います。

その日は、彼と共に、誰かは分からない子供の霊の供養をしましたが、その後の彼がどうしているかは知るすべもありません。

心霊番組

「お化けなんか絶対に存在しない」という方がおられます。私自身、心霊体験がなければそう言っていたでしょう。私の友人、中山君もその一人でした。そんな彼が、ある日の夕方、教えて欲しいことがあると言って、お寺を訪ねてきました。

彼とは長年の付き合いでしたので、顔を見たとき、寝不足でかなり疲れている様子がうかがえました。夕飯時でしたので、一緒に食事を取り、食べ終えてからゆっくりと話を聞きました。

「今日はどうしたの。聞きたい事って何」私の質問の後、彼は気まずそうに言いました。

「お化けが家に入ってきたら、どうすれば出て行ってくれるの」普段の彼からは考えられない質問に、私はとまどいました。

この質問をするきっかけになったのは、一週間ほど前にやっていた心霊番組だったと言うんです。

普段なら馬鹿げた番組をやっているものだと、見ないらしいのですが、自宅アパートのすぐ近くの池が生中継で映っていたので、そのまま見ていたそうです。

私にとって、夏の楽しみの一つが、心霊番組なので、私もこの番組を見ていました。

霊媒師と名乗る男性が、池の対岸を指さしながら、「あそこにたくさんの子供の霊が立っている」と言います。

それから霊媒師が、「エイッエイ」とお祓いをして、「無事ここから子供たちの霊は立ち去りました」と言って、池からの中継は終わりました。

その時点で彼は、そんなことあるはずがない。毎日通勤で通っているが、今まで一度もお化けというものを見たことがない。もしいたと仮定しても、子供たちの霊はお祓いの後、何処に行ったというのだ。

中山君は、馬鹿にしながらテレビを切ったそうです。

そして、何気なく消えたテレビの画面に目をやると、そこには無数の子供の手形が付いていたと言うのです。そして、さらによく見ると、液晶画面に映る自分の後ろに、たくさんの子供たちが立っていたそうです。びっくりして振り返ると、そこには誰もいなかったので、きっと疲れて幻覚を見たのだと言い聞かせ、その日はすぐに寝たということです。

次の日の朝、テレビの液晶画面を見ると、子供の手形がまだ残っていたので、少し気味が悪いと思いながらも、きれいにそれを拭き取りました。

その日から、寝ていると、勝手にテレビが点いたり、クーラーが点いたりするようになり、やがては子供の笑う声までが聞こえるようになったというのです。

話を聞き終えて、私たちは彼の自宅アパートに行き、子供たちの供養をしました。その日以来、子供たちの霊は、出なくなったということです。

あの後、子供たちの霊は、無事成仏してくれたのか、それとも違う場所で今も遊んでいるのでしょうか。

かくれんぼ

「かくれんぼしようよ」小さな女の子が、そう言ってくるので、「うん、いいよ」と言って、二人でかくれんぼをしていたんです。

　そう話すのは、お寺によく来る女子大生の祐子ちゃんです。彼女はこのところ、夢の中で、「かくれんぼ」をしていたようです。普段はとても明るい彼女でしたが、何日も同じ夢を見たせいか、少し怯えている様に感じました。そこで私が「大丈夫？」と、問いかけると、意を決したように、彼女は話し始めました。

――私は最近まで、大学の女子寮に住んでいたのですが、三年生になって、一人暮らしをしようとアパートに引っ越しをしました。

　そして、アパートで暮らし始めてから、時々この「かくれんぼ」の夢を見るようになったんです。最初は、あまり気にも留めていませんでした。しかし、その夢は、一月に一回程度だったのが、一週間に一回、三日に一回というように、間隔が短くなってきたんです。そして、その夢の内容も、ここ一週間ほどで、少し変わってきました。

いつも鬼役を私がしていたんですが、最近では女の子の方が、「今日は私が鬼をするね。お姉ちゃんは、かくれて」と言うようになりました。「十数えるから、かくれてね」女の子はそう言うと、目をつむって、「十、九、八……」と、数を数えはじめます。その数が、数え終わる前に、いつも目が覚めるんです。

そして次の日、いつものように、女の子が出てきて、「今日も私が鬼をするね」と言うので、「うん」と答えると、「じゃあ、九、数えるから、かくれてね」「九、八、七……」そして目が覚めるんです。また次の日、夢の女の子は、「八数えるね」となり、その次の日は、「七数えるね」と言うんです。そうなんです。毎日、女の子の数える数が、減っていくんです。

私は毎晩、言いしれぬ恐怖を感じていました。友達に相談しても、馬鹿にされそうだったので言いませんでした。そしてとうとう、「二」の日を迎えたのです。

夢の中の女の子は、「一、数えるね」そう言うと、目をつむって、「い〜ち」と言うと、かっと目を見開いて、私の顔の前で、「お姉ちゃん、み〜つけた」と言いました。

私はベッドの上で、飛び起きました。百メートルを全力で走った時のように、心臓の音が頭の先まで響いていました。汗もすごくかいていたので、シャワーを浴びて、服を着替えました。そして再び寝ようと、ベッドの布団をめくったとき、「今度は、お姉ちゃんが、鬼ね」と言って、こちらを指さす女の子がそこに寝ていたんです。

すがるような目つきで、祐子ちゃんは私を見ていました。そして、「本当なんですよ」と何度も私に訴えかけてきました。「もちろん疑ってないよ」と私は大きく手を振りながら答えました。そして、「それからその夢の女の子はどうなったの」と問いかけると、彼女は、少し俯きながら、「今もいるんです」そう答えました。

「どこにいるの。祐子ちゃんの部屋にいるの」

と、聞くと、泣きそうな顔をしながら、

「今……ここにいるんです」

私は思わず辺りを見回しましたが、誰もいません。「ここってどこ？」と聞くと、彼女は自分の肩口から後ろを指さして、「私の背中に、今、摑まっています」そう言うんです。「どうしてそれがわかるの」「だって、あの日から背中がずっと重いんです。それに夢で、『今度はお姉ちゃんが鬼ね』って言って、私が捜しても、何処にも居ないんです。そして耳元で、『絶対見つからないもんね』と笑うあの子の声がするんです」

そう言い終わった彼女は、恐怖に耐えきれなかったのか、泣いてしまいました。

その後、お寺の本堂で読経し、女の子の供養をしました。その日以来、彼女はまた、以前のような、明るい彼女に戻りました。夢に出てきた女の子は、一体誰だったのか、今では知るすべもありません。

迷子

「生き霊って怖いんですか」

確かに怖い場合もあるでしょう。しかし、そういったものばかりではないようです。

たとえば、こんな話を聞いたことがあるのです。

これは、彼が大学四年生になり、就職活動中だった頃の話だそうです。

――大学四年の夏休みだというのに、まったく就職先が決まっておらず、私はかなり焦っていました。というのも、友人たちは、ある程度の目ぼしをつけていたり、内定を貰っていたりしたからです。

その日も志望先の面接に行きましたが、あまり良い評価は貰えませんでした。その帰り、私は一人公園のベンチにいました。日も傾き、何とも言えない孤独感に襲われそうになっていると、一人の子供がしゃべりかけてきたのです。

「お兄ちゃん、僕の家、教えて」小学一年生くらいの男の子で、パジャマ姿でした。

「どうしたの。迷子になったの」私の質問に、その子は深くうなずきました。何故か孤独感が一気に消えたように思えました。

「よし、一緒に捜そうね」こう言った私には、少し予想がついていたのです。というのも、この公園の近くには、小児科病棟のある病院があり、入院中の子供たちが、時折、看護師さんらと散歩している姿を見かけていたからです。パジャマ姿なのは、そういう理由からだと思いました。

私はその子の手を取って、一緒に病院の方へ歩いて行きました。

病院までの道中、少しでもこの子の気が紛れるように、色々と話をしながら、歩きました。

「名前はなんて言うの」私が聞くと、元気にこう答えました。

「木下颯太っていうの。あまり友達がいないから、友達になってくれる」

「もちろん。これからは友達ね」私は、兄弟がいなかったので、まるで年の離れた弟が出来たような気分になり、今までの暗い気持ちは、どこかに消えていました。

やがて、病院が見えてきたその時、「こっちじゃない」とその子は僕の手を振り切り、全く違う方向へ走り出しました。

その子が、細い路地を曲がったので、私は慌てて追いかけました。しかし、その路地に子供の姿はなかったのです。しかも、その路地は、その先に道がない、袋小路になっていました。「どこに行ってしまったのか」私は懸命に捜しましたが、見つけ出すことが出来ませんでした。

私は、病院に行き、受付で尋ねました。

「木下颯太君は、今病院にいますか」

「少しお待ち下さい」

受付の女性の返事を待つ間が、やけに長く感じました。

しばらくしてようやく返事が返ってきました。

「木下颯太君は、小児病棟の七〇三号室に入院中です」

お礼を言って、すぐに七階にある颯太君の部屋に向かいました。

そこには、ぐっすりと寝ている颯太君の姿がありました。

「よかった。ちゃんと戻っていてくれたんだ」と安心しました。そんな私をベッドの横におられたご両親が、不思議そうに見ていました。

私はご両親に挨拶し、さっきまで颯太君と一緒にいたことを話しました。話が終わった私にご両親は、「颯太は今日ずっとここにいましたよ」まるで人違いか何かと言うように、怪訝な目でこちらを見ています。

「そんなはずはないですよ。ついさっきまで一緒に……」言いかけて、気がついたのですが、颯太君の小さな体には、たくさんの医療器具が付いていたのです。

その時、颯太君が目を開けました。そしてこう言ったのです。「お兄ちゃん、今日はありがとう」その言葉は、やっと絞り出したというような、力のないものでした。

ご両親は、大変驚かれた様子でしたが、私には普通のことのように思えました。

しばらく経ったある日、私の小さな友達、颯太君の命のローソクの灯は消えてしまいました。

夏休みが終わりを迎えかけた頃、ようやく就職先が決まりました。それは、保育士の仕事です。たくさんの子供たちと混ざって、また私の前に颯太君が現れてくれることを今は楽しみにしています。


この話に出てくる颯太君は、自分の思いが姿となって、外に出たということでしょう。「生き霊」という言葉に当てはまるかどうかは分かりませんが。それに、これを怖い話だと思う方もおられるでしょう。どちらにせよ、「霊」と言われるものが、案外、生きている私たちと、そう遠い存在ではないということは確かだと思います。

ほっといて

京都の北部にある田舎に、父が代務住職をしていた寺があります。代務住職とは、住職をしているお寺以外に、もう一つお寺を管理することです。

普段父は、住職をしている寺にいるので、田舎の寺は誰も住んでいない無住の寺になっていました。

私が中学生の頃、大量の食料を持って、この寺に仲の良い友人と三人だけで泊まりに行くことが、夏休みの恒例でした。

京都市内とは違い、一面に広がる田んぼの風景。土の匂い。流れる小川のせせらぎ。夜になると聞こえるカエルや虫の声。大人が誰もいない田舎の寺。中学生が三人だけで過ごす時間は、すばらしい別世界でした。

中学三年生になった私たちは、来年から別々の高校に進学することが決まっていました。高校に入ると、クラブ活動や習い事などで忙しくなることがわかっていたので、今年が最後の宿泊になるという特別な思いがこの年にはありました。それだけに、例年は五日程の宿泊でしたが、この年は、一週間をそこで過ごすことにしたのです。

日一日と過ぎゆく楽しく愉快な、幸せな時間。人間は不便に出来ている。楽しい時間ほど早く過ぎていってしまう。そう感じたのもこの頃でした。

瞬く間に一週間は過ぎて行き、食料も底をつきました。最後の食事はまるで、早めの卒業式のように、感動的で、悲しいものでした。当時流行ったプリンセスプリンセスの「世界でいちばん熱い夏」の歌と共に、今でも心に焼き付いています。

最終日。田舎の寺で過ごす最後の夏。終電の時間ギリギリまで遊びました。

夜八時過ぎ、この辺りは暗闇に包まれます。駅員すらいない駅。ホームには私たち三人だけ。いつもは心地よいカエルや虫の鳴く声も、不思議と悲しく聞こえてきました。

しばらくして、遠くの方から電車が近づく音が聞こえてきて、いよいよこの別世界とのお別れの合図です。私たちの他に乗客は、大きな荷物を足下に置いたおばあさんが、一人乗っているだけ。だから、車両には私たちを含めて、四人だけでした。

途中一回、電車が止ります。これは、単線なので上下線が行き交うためです。

「五分ほどお待ち下さい」と車内アナウンスが流れました。

私たち三人は、夏の一大イベントの終わりを名残り惜しみながら、窓の外の風景を見ていました。外を見ながら、楽しかった一週間を振り返っていたのです。

私が思い出話をしていると、一人の友達が外を見ながら、「あれ？」と、私の話をさえぎって、窓に乗り出すように外を見ました。

それまで話に夢中だった私は、よくよく窓の外を見てみると、薄暗い中に、川が流れています。車内にも川の流れる音が入って来ます。

私が「どうしたん？」と友達に言いました。

「あそこに誰か立ってない？」

「どこ？」

「あの川のはしっこのとこ」

よく見ると、小学生くらいの男の子が立っています。

「ほんまや、こんな時間に何をしてるんやろ？」

もう一人の友達が、「おーい」と大声でその子に向かって声を掛けたのです。

すると川辺に立っていた子供から、もの悲しい声で、「ほっといて」と返事が返ってきました。

「ほっといてゆうてるで」

「何してるか聞いてみよか」

と言った瞬間、向かいに座っていたおばあさんが、急に私たちに近づいてきて、きつい口調で言ったのです。

「静かにしなさい。話しかけたらあかん。あの子が乗ってきたらどうするんや」

「乗ってきたら？」私たちには意味がわかりませんでした。

「あの子の声が聞こえるんやろ」

「え？」

「帰れんようになるで、静かに座ってなさい」

意味はわかりませんでしたが、怒られていることは理解できました。私たちは静かに座り直しました。

すると車内にあの子の声が聞こえてきたのです。

「ほっといて」「ほっといて」「ほっといて」

だんだんとあの子のもの悲しい声が近寄ってくるような気がしました。私は恐怖を感じました。ここにいると危険だ。人間の持つ本能的な、危機回避能力がそう思わせているようでした。

その時、「お待たせしました。出発します」と車内アナウンスが流れ、電車は走り出しました。

十時過ぎに電車は京都市内の駅に到着しました。電車を降りてしばらくすると、私たちは電車で話が出来なかったストレスをはき出すようにしゃべり出しました。

「怖かったなあ」

「おばあさん何であんなに怒ってたんやろ」

「あの小学生、あんな時間に何してたんやろ」

電車でのおばあさんのことや、川辺に立っていた子供の話。家に着くまでしゃべり続けました。

家の近くまで来たとき、私は言いました。

「あの子、ほっといてって言ってたけど、何をほっといてほしかったんかな」

するとと友人二人は、不思議そうに答えるのです。

「いや違うよ。ほっといてじゃなくて、もっといて……って言ってたよな」

あの時、あの川辺にいた少年が誰だったのか。今でもわかりません。ひょっとすると、あの川で事故により亡くなった子供の霊かもしれません。その霊が、私たちの楽しく遊ぶ姿を見て、自分を重ね合わせていたのではないでしょうか。

それとも最後の夏を惜しむ私たちの思いが見せた幻だったのか……。

仏教に、「愛別離苦」という言葉があります。

「愛する者と別れる苦しみ」という意味で、人間は一生に必ず一度は体験する苦しみだと説かれています。

今思えば、あの少年との別れもまた、愛する者と別れたような、悲しく懐かしく、また暖かい思い出として心に今も残っています。

大人になった今でも、あの川辺に行けば、まだ彼は待ってくれているのでしょうか？

「お化けは怖いものだ」そう決めつけがちですが、私はそうではないと思います。この章で紹介した子供たちの霊は、無邪気なもので、決して驚かそうと思って出てきたのではないように感じます。私たち、肉体を持った者にも、無邪気な人間と、邪な人間がいるように死後の世界にも色々な霊たちがいるのでしょう。仏教は、邪な考え方を捨てるように説かれていますが、それは何故なのでしょうか。それには訳があるのです。

邪な者ほど欲が多く、自分の自由ばかり求めて、あれが欲しい、これは嫌だ、といった具合に我が儘となり、人をうらやみ、妬み、嫉むものです。ですから、不幸の道をどんどんと突き進んでいってしまいます。

おそらく死後の世界にいっても、楽しむことが出来ず、他人をうらやんでばかりいて、いつまで経っても成仏できない霊になって苦しんでしまうのだと思います。

ここで紹介した無邪気な霊たちは、しばらくこちらの世界で遊んでいたようですが、今頃はきっと、あの世に行って楽しく幸福に暮らしていることでしょう。

第五章　冥界

発明王トーマス・エジソンは、オカルト研究家としても有名です。彼は、死後の世界があるということを前提に、ある研究を進めていました。それは、死者と会話が出来る機械を作るというものです。しかし、エジソンの優れた頭脳をもってしても、結局その夢を叶えることは出来ませんでした。現代に於いて、この研究をしようとしたなら、まずは、死後の世界の有無から議論しなくてはならないかもしれません。

さて、お経の中に、死者との交流についてのこんな話があります。お釈迦様の弟子に、目連尊者という方がおられました。母親は、既に他界しておりましたが、今はどの世界で、どのようにしているのかと、気になった目連尊者は、神通力で、天界を見てみました。しかし何処にも母親の姿はありません。そこで、修羅界や畜生界なども見ましたがそこにもいません。そしてその下の世界である、餓鬼界を調べたところ、飢餓に苦しむ母親の姿がありました。

慌てて神通力で、母親に水や食べ物を送りましたが、どれも火となってしまい、無事に母親には届きません。困った目連尊者は、お釈迦様に相談しました。すると、「自分の母親だけを救おうとするのではなく、餓鬼界のすべての者を救おうとしなければ、母親は救われません」と教えられます。

そこで、たくさんの修行僧を集めて、餓鬼界にいるすべての者たちのために、供養の法会を行いました。これにより、母親はもちろんのこと、餓鬼界にいるすべての者が救われたという話があります。

この法会が行われたのが、梅雨の明けた月と書かれていることから、日本では、夏になると、施餓鬼会、すなわちお盆を行うようになったわけです。

さて、これからご紹介させて頂く中に、死者との交流にまつわる話が出てきます。しかしこれらは、目連尊者のように、交流しようとして出来たのではありません。ですから、エジソンの目指したものとも少し違うかもしれませんが、死後の世界が存在するという証拠の一つには成り得るのではないでしょうか。

空き家の住人

ある方から、家のお祓いをしに来て欲しいとの電話を頂きました。「日時はいつがよろしいですか」と尋ねると、「今すぐにでも来て欲しい」と強い口調でおっしゃるのです。

家のお祓いは、取り壊しやリフォームなどをされる場合によくあることですが、ここまで急がれるのは珍しいことでした。取り敢えず、明くる日に行かせて貰うことになりました。

その家は、いわゆる京町屋というもので、築年数はかなり経っており、中に入ると家具は一応揃っているけれど、生活感がほとんど感じられませんでした。ここ数年は、誰も住んでおられないという雰囲気です。

私がお祓いをする前に、家主さんからこんな話をお聞きしました。

今から三年ほど前まで、この家には、おばあさんが一人で住んで居ました。あるとき、体調を崩されたおばあさんは、そのままこの家で亡くなってしまいました。家賃は毎年、まとめて一年分を払われるので、家主さんも年に一度しか会わない、しかも、身寄りもなかったので、遺体発見時には、死後数ヶ月が経っていたということでした。

ただ、なぜ今頃になってお祓いをされるのかとお聞きしたところ、その後、毎年夏になると、おばあさんから電話が掛かってくると言うのです。深夜に寝ていると突然電話が鳴り、「どちらさんですか」と尋ねると、そのおばあさんの声で「私です」と言って切れてしまったそうです。薄気味悪くなり、電話会社に問い合わせ、どこからの電話か調べようとされました。しかし不思議なことに、その時間に着信履歴がないと言われたそうです。そんな馬鹿な話はないと思い、気になって電話が掛かってきた日をメモしておいたところ、一昨年にも同じ日の深夜に電話があったというのです。

そして昨年、深夜に電話が掛かってくるかもしれないと思って待機していると、案の定、電話が鳴りました。「もしもし、フミさんですか」とおばあさんの名前を言うと、「そうです。ありがとうございます。後はお願いします」と言って切れました。

それからまた一年が経とうとしており、電話が掛かってくる日が来週に近づいているらしいのです。

家主さんは、おばあさんから何をお願いされたのかがわからないが、取り敢えずお祓いをと思い連絡してこられたということでした。

私も今ひとつ合点がいかないまま、おばあさんの住んでいた家に入り、読経場所を探していると、そこに仏壇がありました。私は、その前でお経を読み始めました。

目を閉じて読経していると、そこに三人の人影が見えてきました。しばらくすると、周りが明るくなり、三人の姿がはっきりと見えてきたのです。一人は若い青年、後の二人は年老いた夫婦でした。三人は私の方を見ながら、何度も手を合わせ、お辞儀をされていました。するとまた暗くなり、三人の姿が見えなくなりました。私は静かに目を開け、読経を終えました。

そして、仏壇をよく見ると、そこには二つの位牌がありました。ここでようやくおばあさんからの電話の意味を理解したのです。

二つのお位牌は、一つはおばあさんの旦那さんで、もう一つは、息子さんのものでした。おそらく、おばあさんが亡くなられてから、二人の供養が気になっておられたのかもしれません。それを家主さんに知らせたかったのではないでしょうか。

私はそれら二つの位牌と、新たにおばあさんの位牌をつくり、お寺で供養させてもらいました。そして今年は、あのおばあさんからの電話は来なかったそうです。

自殺の名所

毎年、修行時代の同期生数人が集まって、互いの活動報告をする会を行っています。みんな遠方から集まるため、いつも宿を借り、一泊することにしていました。

その年は、六人ほどが集まって、海に近いある温泉旅館で行いました。食事をしながら、互いの活動を報告し合い、温泉につかり、そろそろ寝ようかとみんなで話していると、その旅館の女将さんから声を掛けられました。

女将さんは、私たちが僧侶であることを知って、お願いがあるとおっしゃるのです。

六人は一つの部屋に集まって、女将さんの話を聞くことにしました。

どこか寂しそうな雰囲気のある女将さんでしたが、その理由が話を聞いていくうちにわかってきたのです。

女将さんのご主人は、結婚して数年後に病でこの世を去られたそうです。残った女将さんは、一人息子を育てながら、この旅館を切り盛りしてきました。

しかし、そんな息子さんが、十六歳になったとき、非行に走り暴走族に入って、警察に何度も補導されるようになったのです。そしてさらなる大事件が起こりました。二十歳になる直前に、息子さんが自殺をしたのです。この旅館からさほど離れていない自殺の名所と言われる岬からの投身自殺だったそうです。

今日がちょうど息子さんの命日で、息子の供養をして欲しいということでした。もちろん私たちは、引き受けることにしました。女将さんは、仕事が終わり次第、すぐに駆けつけるとのことでした。

私たちが、息子さんが身投げしたという岬まで行くと、そこには数人の若者が、車を走らせていました。私は彼らに理由を言って、お経を読む間は静かにして欲しいと頼みました。彼らは私の話に納得して、車のエンジンを切ってくれました。

そして、静まりかえった岬の先から、海に向かって読経をはじめました。一心に読経していると、岬にいた若者たちも車から降りてきて、一緒に座って、手を合わせ始めたのです。

それから数十分の読経を終えました。

ふと横を見ると、今まで一緒にいた若者たちも、彼らの乗っていた車もそこにはありません。彼らは何処に行ったのだろうか、車で立ち去る音もしなかったことに不思議がっている私たちの後ろから、女性のすすり泣く声がしました。驚いてそちらを見ると、それは旅館の女将さんでした。仕事を終えて、私たちに追いつかれたようです。

旅館に帰ってから、女将さんが私たちにこう言われました。読経中に、息子の声が耳元で聞こえたと。そして、「ごめんね、お母さん。ごめんね。ごめんね」と何度も聞こえてきたというのです。

私が、女将さんに、さっき岬にいた若者たちも一緒に手を合わせてくれていたんですよと話すと、首をかしげられるのです。私たちが読経し始めた頃に追いついた女将さんは、そんな若者どころか、誰もいなかったというのです。

もしかすると、息子さんがあの中にいたのかもしれません。そして、若くして命を絶ってしまった仲間と共に、一緒に手を合わせてくれていたのかもしれません。

香食

「死者に果物やお菓子を供えますが、あれって意味があるのですか」と、聞かれることがあります。

　確かに供えたお菓子などがなくなっていたり、かじられていたという経験はありません。私は以前、「亡くなった方は気だけを食べる」と聞いたことがあります。お供えがしなびたり、水気がなくなったりするのはその証拠、ということでした。果たしてお経にはどう書かれているのでしょう。その答えの前に、私が経験したこんな話をさせていただきます。

　知り合いの不動産屋さんが、何年もの長い間、空き家になっていた家を買い取りました。数年間、誰も入っていない家でしたので、部屋の中はかなり傷んでいたようです。家の中には、埃《ほこり》まみれになってはいるものの、昨日まで誰かが住んでいたように、机やタンス、食器などが、そのままに置いてあったそうです。

　以前の住人は、身寄りのないおばあさんだったらしく、具合が悪くなり救急車で病院へ運ばれ、そのまま亡くなられたということでした。家は取り壊しが決まっていたので、不動産会社の人は部屋の中をそのままにして外に出ようとしました。その時、ある物に目が止まったと言います。

それは白い風呂敷包みにくるまれた箱でした。何度か同じ箱を見たことがあって、確認するまでもなく「骨壺」とわかったそうです。そこで「骨壺を取りに来て欲しい」と私の出番となったわけです。ちょうど夕飯を食べ終えた時でしたので、すぐに出かけていきました。

骨壺を引き取った私は、お寺に戻ると、すぐに風呂敷を取り、中を見ました。箱だけかとも思いましたが、お骨はしっかりと入っていました。身寄りがないといっても、どういった経緯でここに放置されたのかまではわかりません。「死後も身寄りがないとはかわいそうに」と、そう思ってお寺に持ち帰り、供養することに決めました。

お寺に戻ったのは、いつもならお風呂に入ってくつろいでいる時刻でしたが、すぐに

本堂で供養のお経を上げました。そして、今まで長い間寂しかったでしょうからと、普段より長めの線香を上げてから、お風呂に入りました。

お風呂から上がった私は、本堂のお線香が燃え尽きたかどうかを見に行きました。

本堂の扉を開けたその時、線香の煙を両手を使って一心に食べている老婆の姿があったのです。思わず声を出しそうになりましたが、あることを思い出したのです。それは、お経の中に、「香食《こうじき》」という言葉があることです。「香食」とは、死後、霊となった人たちは、「香りを食べる」という意味です。長年、誰からも線香や焼香をしてもらったことがなかったのでしょう。必死でお線香の香りを食べておられる姿に、怖いというよりも、悲しい気持ちになりました。私はそのまま静かに本堂の扉を閉め、その日は寝ることにしました。

明くる朝、花や果物、お菓子にお茶などをお供えし、もう一度お経を唱えました。

どうか皆さまも、ご先祖さまや、亡くなられた方々に、香りの良い、お供え物をしてあげて下さい。

葬儀

お寺で、ある方のお通夜が行われました。その席に、亡くなられた方の四歳になる息子さんが来ていました。

「トイレどこ」とその子が聞いてきたので、場所を教えると、母親が「一緒に行こうね」と手を取りました。ところが、「行きたいのは僕じゃなくて、お父ちゃん」というのです。小さな子供が、自分の父親の死が理解できずに混乱しているのかと思った親戚の人たちが、「お父さんは死んだから、トイレには行かないよ」と教えると「喉が渇いたから水を飲みに行くんだって」と答えるのです。

人間は、死ぬ間際に水が飲みたくなると言われております。ですから亡くなられてすぐに、末期《まつご》の水といって、唇を水で潤す儀式を行うのはこのためです。

私は男の子のその言葉を聞いて「供えてある水をお父さんに飲んでもらって良いんだよ」と言うと、「お父ちゃん。お坊さんがこの水飲んで良いって」とまるでそこに、お父さんがいるように話すのです。それを見ていた親戚の方が、「お父ちゃんとしゃべれるの」と聞くと、当たり前のことをなぜ聞かれたのかと、不思議そうに頷きました。

そこで、母親が「お父ちゃんは最後に何か言ってたけど、聞き取れなかったから、何が言いたかったか聞いてきて」とその子に言いました。男の子は本堂の隅の方に行き、壁の方に向かって、「お父ちゃん何を言ったの」と尋ねました。「うん。うん」と男の子は何度も頷いて、「わかった」と言いました。そして、お母さんの前に来て、「お父ちゃんの部屋の机の引き出しに手紙があるの。それをお母さんに読んで欲しいって」と言うのです。

明くる日の葬儀の後、奥さんが来られて「あの子が教えてくれた手紙は、本当に主人の机にありました」と、その手紙を持ってこられました。そこには、奥さんに対し今まで一緒に居てくれたことへの深い感謝と、息子への別れの言葉が並んでいました。亡くなられる間際に、この手紙の存在を伝えたかったのでしょう。

奥さんは「私の方が、お礼を言いたかったです」と泣きながらおっしゃいました。すると男の子が「何で、どこに、……」と、また一人で話し始めました。そして「お父ちゃん、今度はいつ会えるの」と聞いて、答えをもらったのか、「わかった。みんなにも言っとく。じゃあね。バイバイ」と宙に手を振ってから、こちらに来ました。「お父ちゃんが、ありがとうって言ってたよ。時々、思い出してねって」その言葉を聞いていた周りの人たちからも、すすり泣く声が聞こえていました。

私は男の子に、「お父さんはどこに行ったの」と尋ねてみると、男の子は満面の笑みを浮かべて「みんなの胸の中に入って行った」と答えてくれました。

あれから数年が経った現在、男の子も今では、小学四年生になりました。その後、お父さんの姿を見ることはなくなったそうです。しかし彼は、「お父さんは見えなくなったけど、時々思い出したら、その時だけ、胸が温かくなるの。多分、お父さんが胸に住んでる証拠だと思う」と教えてくれました。その時、私の胸まで温かくなりました。ひょっとすると、男の子のお父さんは、私の胸にも住んでいるのかもしれません。

探偵さん

私のお寺には色々な職業の方が来られますが、この日は、探偵業をされているという男性が来られました。探偵といえば、テレビドラマなどで見る二枚目探偵が格好よく立ち回るといったイメージがありましたが、この方は少し小太りで、激しい運動は苦手といった感じに見えました。

それはさておき、早速、相談内容をお聞きしました。

「まずはこの映像を見て下さい」そう探偵さんは言って、あるビデオを出されました。その映像を再生すると、そこには、ある部屋が映っていました。

「この部屋は、一人暮らしの女性の部屋に設置した、隠しカメラが撮ったものなんです」映像を見ながら、探偵さんはおっしゃいました。しばらく変化のない映像の後、一人の若い男性が、部屋に入ってきたのです。やせ型で、背が高く、どことなく影のある雰囲気をその男性に感じました。生中継でないことはわかっていましたが、私の心臓は、いつも以上に早い鼓動を打ち始めました。映像の中の男性は、落ち着きなく、部屋の中をうろうろしています。しばらくすると、テレビの前に置かれた小さな机の前に座りました。そして、まるで相手がいるかのように、何かを話し出しました。音声が入っていない為、声は聞こえませんが、明らかに楽しそうに話をしているのです。二、三分独り言が続いた後、急に立ち上がって、部屋を出て行ったところで、映像は終わりました。

「お気づきになりましたか」映像を見終わった後、探偵さんが尋ねてこられました。

「はあ、まあ、おかしな男性ということはわかりましたが」質問の意味を今ひとつ捉えられずに、そう答えました。

「まず、この男性についての話からさせていただきます」そう言って、男性に関する資料を取り出し、それを確認しながら話し出されました。

探偵さんのお話によると、男性は同じアパートの住人で、この部屋のちょうど下に住んでおられるということでした。京都の大学に合格し、今年の春から住み始めたそうです。

依頼人の女性に映像を見せて、「不法侵入で、警察に届けを出されてはどうですか」と勧めたそうです。しかし、その前に、何のために入ってきたのか、鍵を何処で手に入れたのかなどを聞きたいと言うので、探偵さんは男性と直接会って、話をされたそうです。その時の話を探偵さんは、次のように話されました。

——男性と直接話をするために、私は彼の部屋に行きました。呼びベルを鳴らし、出てきた彼に探偵事務所の名刺を見せると、不思議そうな顔をしながら、部屋の中へと案内してくれました。「何かあったんですか」と、まるで心当たりがないといった様子でした。「とぼけたふりをしているな」と思った私は、早速、彼女の部屋への不法侵入の件を話しました。それを聞いた彼は「私は、呼ばれてあの部屋に入ったんですよ。しかも鍵は、あの部屋の住人が開けてくれたんです」と答えるのです。

「いいかげん、嘘をつくな、映像もあるんだぞ」

そう言いたかったのですが、ここまでシラを切る相手の場合は逆上しかねないので、「そうですか」と、その場は引き返すことにしました。

依頼主にそのことを話すと、「明日、警察に届けることにします」ということになりました。

その日の夜、事務所に帰り、警察に届ける資料の整理をしていました。隠し撮りした映像も、必要な部分だけを取り出そうと編集しているとき、おかしなことに気がついたのです。

そう言って、探偵さんは私にまた映像を見せ始めました。そこでやっと、私も気がついたのです。それは、部屋に入って来た男性が独り言を始める直前、彼の前に、うっすらと人の形をした影のようなものが映っていたのです。

「この影の正体は、わかったのですか」そう私が問いかけると、頷いて続きを話し始めました。

これに気づいた私は、依頼主にもこの映像を見せました。当然のように、かなり怯えていました。そして「この影の正体がはっきりするまでは、友人宅に泊めてもらうことにしますので、出来るだけ早く調べてください」ということになったんです。

警察への通報を一旦、見合わせ、影の正体を突き止めるべく、もう一度、下の部屋の男性に会いに行きました。

再び訪れた私を、男性は嫌な顔一つせずに、部屋へと案内してくれました。そこで、「あなたは、上の部屋の住人と、どういった関係にあるんですか」と問いかけました。

「あの方は、私と同じ岩手県の出身で、田舎に奥さんと小さな子供を残して、出稼ぎに来られているそうです。私がこのアパートに引っ越してきたときに岩手なまりに気づかれて、声を掛けて下さったんです。今では、身内のようになり、たまに部屋に上げていただいて、ふるさとの話や、相談に乗っていただいています」と言うんです。

これは、長年探偵をしている勘ですが、彼が話している時の、仕草や、声の雰囲気などから、とうてい作り話ではないと、このとき確信しました。そこで初めて、あの映像を見てもらいました。これを見た彼は、驚きで、声も出ない様子でした。

私は、このアパートが建つ前、何であったのかを調べることにしました。その結果、おもしろいことがわかったんです。

このアパートは以前ある建築会社の社員寮で、出稼ぎ労働者が住んでいたそうなんです。しかもその中に、岩手出身の方もいたことを突き止めたのです。しかも、下の部屋の男性が言っていた通り、田舎に、奥さんと子供さんがいたんです。しかしその方は工事現場で事故に遭い、この世を去られたということでした。その方が使っていた部屋こそが、依頼者の部屋だったのです。おそらく岩手県から来たあの男子学生のなまり言葉に、懐かしくなって出てこられたのではないでしょうか。

「なるほど、そういうことでしたか」私が納得していると、お寺の呼びベルが鳴りました。そこには、依頼した女性と男子学生がいました。一緒に供養をするために来られたのです。

私は本堂でお経を読み始めました。そして、最後に、亡くなられた方のお名前を読み上げて、供養を終えました。

振り返ると、後ろに座っていた男子学生さんが、泣いておられるのです。「どうかしましたか」私が声を掛けると、驚くことを口にされたのです。

「亡くなられた方のお名前を今、初めて知りました。その名前は、私が幼い頃に出稼ぎ先で亡くなった、父の名前です」そうおっしゃいました。

男子学生は、偶然、父が最後に暮らしていた所に住んでいたんです。京都で独り暮らしを始めた息子に、自分もここに住んでいたということを知ってもらいたかったのかもしれません。この日以来、あの影は、依頼者女性の部屋には出なくなったようです。しかし、男子学生の夢の中には、今も時々、訪ねて来て下さるそうです。

お守り

　これは、私が高校を卒業した年の夏の話です。その日は天気も良かったので、独りバイクに乗って、ツーリングに出かけました。夏の風を全身に浴びながら、爽快に走っていたそのときです。前を走っていたトラックが、急ブレーキを踏んだのです。驚いた私はハンドルを右に切り、衝突を避けました。しかし、反対車線に飛び出したため、前から来たトラックに、正面からぶつかってしまったのです。空中に高く飛ばされ、落下し、全身を強く地面に打ち付けました。薄れ行く意識の中、鳴り響く悲鳴と、救急車のサイレンが微かに聞こえていました。そして次に気がついたときは、病院のベッドの上でした。

　右足のふくらはぎの血管が断裂しており、指先の爪もすべて取れていました。しかし、それ以外は、何処にも怪我はありませんでした。病院の先生は、この程度の怪我で済んだのは、奇跡としか言いようがないとしきりに驚いておられました。相手の運転手さんに怪我はなく、私の方が悪かったにもかかわらず、お見舞いにも来て下さいました。そして、その運転手さんが「それにしても、人間離れした、すごい跳躍力にはびっくりしたよ」と、おっしゃるのです。その後に来られた警察の方からも「何かスポーツでもやっているの。普通なら死んでいても不思議ではないところだけどね」と言われました。

現場検証によると、反対車線に飛び出したとき、バイクは衝突した後、横転し、そのままトラックの下敷きになったそうです。そして、バイクから放り出された私は、トラックに当たる直前、上へと高く飛び上がり、右足だけがトラックの屋根の部分に衝突し、そのまま地面に落ちたらしいのです。

私は、衝突後の記憶はほとんどないのですが、その直前までの記憶は鮮明に残っていました。それは、私の前に走っていたトラックが、急ブレーキを掛ける数秒前、何かが私のズボンの後ろを摑んだように感じたのです。そして、前のトラックを避けようと、反対車線に飛び出したとき、何かが私を持ち上げたのです。バイクから浮き上がったため、バイクは転倒し、私は宙へと引っ張られました。右足だけが、間一髪間に合わずに、トラックの屋根の部分に当たりました。そして、地面に叩き付けられる寸前に、摑んでいた手が私から離れたのです。薄れ行く意識が最後に見たものは、空へと飛んでいく龍の姿でした。

幻覚だろうと思っていましたが、ズボンを摑まれた感触と、衝突寸前にみせた人間離れした跳躍力は、龍が私を持ち上げて助けてくれたのだと、この時確信しました。

退院後、警察署に預かってもらっていたバイクを引き取りに行きました。バイクは、原型がないほどに壊れ果てていました。これを見たとき、私の身代わりになってくれたのだと感じ、申し訳ない気持ちで一杯になりました。手を合わせ、バイクに謝罪した後、仕方なく業者さんに処分をお願いし、引き取って貰うことにしました。そして、バイクに付けていた交通安全のお守りがあったので、これだけは持ち帰りました。龍を見たということもあり、家に帰ってすぐにお守り袋を開けて中に入っているお札を取り出してみると、そこには木札が入っていました。その木札は、計ったように真っ二つに割れていたのです。その二つを合わせてみたところ、そこには「龍神之守護」と書かれてありました。

この時の事故では、たくさんの方にご迷惑をお掛けしました。そして今、私がこうして生きていられるのも、まわりの方や目に見えないところで見守って下さる神仏のおかげであると、日々感謝しながら生かされております。

仏壇屋

京都に加茂定仏壇店という、百六十年続く老舗の仏壇屋さんがあります。ここの若旦那の加茂裕人さんとは、歳も近いということもあり、私とは友達のような関係にあります。それ故に、他のお寺に頼めないようなことも、私には相談してくれます。この時もそういった内容のものでした。

加茂さんの知り合いの方が貸していた家が、老朽化のために取り壊されることになり、たまたま家から近くだったので、見に行かれたそうです。その家の中には、古びた仏壇があり、中から、たくさんのお位牌が出てきたというのです。その家には、数年前まで、老夫婦が住んでおられたそうなのですが、お二人共、後を追うように続けてお亡くなりになったということでした。

夫婦の間には、すでに嫁いでいた娘さんがおられ、葬儀はその娘さんがされたそうです。しかし、娘さんは東京に嫁いでいるため、この家を家主に返されました。家財道具などは処分されたそうなのですが、仏壇だけを置いていかれたようなのです。家主さんは、家を取り壊す予定だったので、その時に仏壇も一緒に捨ててしまおうと、安易に考えられていたようです。

これを知った加茂さんは、「仏壇屋としてこのまま放っておくわけにはいかない」そう思い、仏壇の閉眼供養（仏壇を廃棄するときに行う供養）を頼んでこられました。施主さんのいない仏壇ですから、よそには頼みづらかったようです。

もちろん私は喜んで引き受けました。そして早速その家に行きました。無事に閉眼供養も済ませ、仏壇は加茂さんが処分をすることになったのですが、困ったのはお位牌でした。お寺に持ち帰ったままでは良かったのですが、やはりお焚きあげするには、縁者の方の許可が欲しいと思ったのです。

そこで加茂さんは、家主さんにいって東京におられる娘さんに連絡を取ってもらったところ、娘さんがお寺まで来られるということになりました。

数日後、お寺にその娘さんが一人で来られました。娘さんは、やむなく仏壇や、お位牌を置いて行くことになった理由を涙ながらにお話しくださいました。

娘さんが東京に嫁がれたのは、二十歳になってすぐの頃だったそうです。両親を二人残して離れるのは心苦しかったようですが、両親は「自分たちのことは心配ないから、幸せに成りなさい」と快く送り出してくれたそうです。

嫁ぎ先の義父母は、大変厳しく、里帰りさえ許してくれなかったと言います。その厳しさの理由は、自分に子供が出来ないということだと、娘さんは自責されるように話されました。

そして、結婚後、初めて里帰りが許されたのは、自分の両親の葬儀だったというのです。今まで育ててもらった恩返しが、何も出来なかったので、せめて供養だけでも続けたいと思ったらしいのですが、嫁ぎ先は無宗教だったので、仏壇を置くことも、お位牌を持ち帰ることも許されなかったということでした。

今回も義父母は、京都に行くことを賛成してくれなかったようですが、何とか頼み込み、日帰りで許可されたというのです。

ここまで一緒に話を聞いていた加茂さんは、「一時間だけ、ここで待っていてください」そう言うと、どこかに飛んで出て行きました。

私は、娘さんと二人だけで、今一度ご両親のために読経をしました。その読経が終わったと同時くらいに、加茂さんが汗だくになって帰ってこられました。

「何処に行ってたの」私は、息を切らした彼に尋ねました。

「これを作ってもらいに、職人さんの所に行ってきました」そう言う彼の手には、ネックレスのようなものがありました。

そのネックレスの先には扉の付いたペンダントがあり、それを開けると中にはご両親の戒名が彫られていました。

「これなら文句も言われないでしょう」そう得意げに話す加茂さんに、娘さんは泣きながら何度もお礼を言っておられました。

それから一年ほどが経ったある日、お寺にあの娘さんが来られました。

今回は一人ではなく、旦那さんとそのご両親、そして生まれたての男の子と共に来られたのです。

「この子は、両親の生まれ変わりなんです」そう幸福そうに娘さんはおっしゃいました。

何故生まれ変わりと思われたのかというと、不思議なことに、生まれた男の子の右肩には、娘さんのお母さんの右肩にあったのと同じ形のアザがあるというのです。

「これから加茂定仏壇店に行って、供養のために仏壇を買ってきます」そう言ったのは、旦那さんと、そのご両親でした。

防空壕

「これから話すことは、本当の実話なんですからね」徹也君は、あまりの興奮状態のためか、少し言葉がおかしくなっていました。

「わかったから、落ち着いて話をしなさい」そう私が言うと、大きく深呼吸してから、彼は話し出しました。

　彼の話によると、それは毎年決まって八月十五日、すなわちお盆（関西は八月がお盆月）に起こるというのです。

夜、彼が寝ているとほっぺたを軽く「ぺたぺた」と叩きながら、「息してるか」と、女性の声が耳元で囁くように聞こえてくるというのです。

　最初は、お盆に帰って来たご先祖さまの霊が、元気かどうかを確認に来ているのだと思っていたそうで、恐怖感はなかったらしいのです。

ところがそれは、ご先祖さまではないかもしれないと彼は言うのです。

その年の七月に入ってすぐの頃、彼の家では下水管が詰まったので、水道管の張り替え工事が行われたそうです。その時になんと、家の下から、防空壕跡が出てきたというのです。

どうすればいいのかと家族で話をしていると、業者さんが「時々あることですよ。骨が出てきたわけでもないし、京都では大きな空襲もなかったし、このまま埋めてしまいましょう」そう言って、そのまま埋めてしまわれたそうです。

それから彼は、八月十五日が近づいてきて、ふとカレンダーを見て、あることに気がついたというのです。

「お盆と終戦記念日は一緒の日なんだ」と。そして、「毎年来る女性は、ひょっとすると、ご先祖さまではなく、戦争で亡くなられた方かもしれない」そう思ったというのです。もしご先祖様の霊ではなく、まったく知らない人の霊だったら、と思うと恐怖が込み上げてきたようです。

それからというもの、八月十五日が来るのが怖くなり、何とかして欲しいと私の元に相談に来たわけです。

そこで私は、「これからは毎年、お盆になったら自分のご先祖さまだけではなくて、戦争で亡くなられた方たちすべての霊の供養をしなさい」そう彼に教えました。それを聞いた彼は、「なるほど。それはいいことですね」と安心したように帰っていきました。

彼には言っていないのですが、実は、彼の元を毎年訪れる女性は、おそらく戦争と関係がある方だと思うのです。なぜなら、彼がお寺に相談に来た日の夜、こんな夢を見たのです。

それは、暗い防空壕の中でした。赤子を抱えた女性が「息してるか」と言いながら、我が子のほっぺたを叩いて、子供の安否を確認されている姿でした。そして、私のほっぺたを「ぺたぺた」と、誰かに叩かれて目が覚めたのです。

その後、親子がどうなったのかまでは分かりませんが、どうかみなさんも、お盆には、自分のご先祖さまだけではなく、亡くなられた方々すべての供養もしていただけるようにお願い致します。

人類が、肉体と魂は、別々に存在すると考えたのは、いつの頃からでしょうか。代表的なものでいえば、エジプトのミイラは、その思想に基づいて作られたものの一つです。

死後、魂がこの世に戻ってきた時、帰るべき肉体を残しておかなければならないと考え、当時の技術力を駆使し、ミイラの作成に取り組んだとされています。しかし、残念ながら、死後、蘇ったとされるミイラは、一体も確認されておりません。

果たして、死後の世界とはどういったものなのでしょうか。肉体と魂は別々に存在するのでしょうか。仏教では、死んだ後、輪廻転生して新たな肉体に、魂が宿ると考えられておりますので、私はこれを信じています。

どちらにしても、私たちはいずれ必ず死を迎えるのですから、急いで結論を出す必要などないでしょう。

大切なことは、今を如何に生きるかということです。今の自分を創り出したのは、過去の自分の行いであり、今の自分の行いが、未来の自分を創り出すわけです。そして、今世の生き方が、未来世を創っていきます。

「如何にして生きるべきか」その答えのすべてが記された書物こそが、「お経」なのです。

遥か昔に説かれたお経は、過去から未来に向けられた、お釈迦様からの手紙といって良いでしょう。どうかこの本を機縁として、お経を読んでいただければ幸いに存じます。

第六章　京の闇

京都には、お寺や神社が数多く残されています。しかもそれらは、長い歴史があるというだけではなく、各々に役割を持っています。

たとえば、あるお寺は、京都を守るための結界を担っていたり、ある神社は、怨霊を鎮める役目を持っていたりといった具合です。

さらに、京都の地名にも役割があるところが幾つかあります。その代表的なものが、京都の祇園です。まだ祇園という名が付いていない頃、京都に疫病が流行りました。人々はその病気を恐れて、お釈迦様が住んでおられた「祇園精舎」から名前をもらって、「祇園」という地名を付けたのです。その祇園で有名なのが、「祇園祭」ですが、これもこの時の疫病を追い払うために行われたお祭りなのです。

このように京都は、古い建物や地名と共に、その歴史があり、まさに過去と現在が混在した町なのです。そんな京都の過去と現在の混在したお話をどうぞお楽しみ下さい。

人肉の味

京都の上京区に、立本寺《りゅうほんじ》という日蓮宗のお寺があり、毎月八日に鬼子母神《きしもじん》祭という祈禱会が行われております。

この鬼子母神という神様は、元々は、千人の子供を持つ鬼でした。それも人間の子供を主食としていたのです。ですから、お腹が減ると、人間の村を訪れては、子供をさらい、食べていました。子供をさらわれた親たちは、当然、気が狂わんばかりに、嘆き悲しんでいました。

そんなある日、鬼が一番かわいがっている末っ子が行方不明になりました。心配になった鬼は、色々な村に行き、探し回りましたが、とうとう見つけることが出来ませんでした。悲しみと心配で、疲れ切った鬼は、お釈迦様のもとに行き相談しました。するとお釈迦様は「その子なら私のもとに来ているよ」と言って、子供を鬼に返してやりました。泣いて喜ぶ鬼に「今のあなたの悲しみは、人間の親も同じです。今後、人間の子供を食べないようにしなさい」と言われました。鬼はそのことを約束し、今後は子供を守る神になることを誓ったのです。

ところが、数日が過ぎた頃、鬼は再びお釈迦様のもとを訪れました。

「お釈迦様、私は人間の子供を食べず、他の物を食べていますが、未だに人間の子供の味が忘れられません。どうすればこの苦しみから逃れられるでしょうか」

と相談したのです。そこで、お釈迦様が出された物は、人間の味がする果物でした。その果物とは、ザクロです。あの甘酸っぱい味が、人間の味なのだそうです。

もちろん私は、人間を食べたことはありません。ですから、ザクロが人間の味であるかどうかはわかりませんが、実際に人間を食べた方の話では、間違いなく人間の味なのだそうです。

人間を食べたと言うその人は、今は亡くなられましたが、お坊さんでした。その方が戦時中、ある島の最前線に行っておられた時のことだそうです。

終戦が近づいた頃、その方がいた部隊では、食べ物も無く、餓死する人も大勢おられたそうです。それを見かねた将校が、みんなには内緒で、炊事班に、死んだ人間の肉を入れるように指示されたらしいのです。

何も知らないで、今日は島で取れた動物の肉が入っていると、喜んで食べたそうです。動物の肉にしては少し酸っぱく感じたそうですが、餓死することを考えれば、そんなことは気にならなかったと言っておられました。そんな食事が、数日間続くと、みんなもさすがにおかしく思ったようですが、誰一人として、その肉の正体を聞く者はいなかったらしいです。みんな薄々、これが人間の肉かもしれないとわかっていたのでしょう。

それから数日後、終戦の知らせが島にも届き、生き残った者はみな帰国されたそうです。帰国後、数年が経って、部隊の戦友の集まりが開かれ、その方も、そこに出席されました。そして、みんなが一番気がかりだった、あの肉の話になったらしいのです。ところが、あの当時炊事班だった人たちは、戦後に全員亡くなられていて、真相はわからないままだったといいます。

その日、家に帰って寝ていると、夢の中に、炊事班だった人たちが出てきて「すまないことをした。すまないことをした」と何度も頭を下げ、謝られたそうです。

明くる日、昨日の夢が気になって、炊事班をされていた戦友のお墓にお参りに行かれたそうです。するとそこには、昨日会ったばかりの他の戦友たちも来られていたと言うのです。

実は昨夜、みんな全く同じ夢を見ていたそうです。驚いていると、そこに当時将校だった方も来られて、そこで初めて真相を聞かされたそうなのです。病気や怪我、自決した人たちの肉を泣きながら料理し、みんなの食事としたということだったようです。

その将校さんは日本に帰ってきてすぐに出家し、部下たちの供養を続けてこられました。そして、この話をしてくださった方も、その場で出家を誓われ、お坊さんになられました。

この話の最後に「私は当時、鬼だった。今は改心して仏に仕える身になったが、あの時の仲間は許してくれているだろうか」とその方は、お話しくださいました。

この話をお聞きしてから、数年後、その方は、病気で亡くなられました。その葬儀に出席し、帰宅した夜のことです。

寝ていると、私の夢にたくさんの兵隊さんが出てこられて、私に言うのです。「恨んでなんかいるもんか。ほんの少しも恨んでなんかいるもんか」と、歌うように一斉に言ってておられるのです。そして、そこにはこの話をしてくださった方が、みんなに迎え入れられている姿がありました。目覚めたとき、私の目には、涙が溢れていました。

宇宙人の正体

「宇宙人を見つけました」そう言ったのは、いつもお寺の手伝いに来てくれる勝穂君という青年です。汗ばんだシャツが、肌に密着するくらい汗を流しながら、興奮気味に語り始めました。

――昨朝のことなんですが、父親の事務所に向かってバイクを走らせていると、焦げ臭い臭いがしてきたんです。嫌な予感がして、急いで行ってみると、木造一戸建ての事務所から火の手が上がっていました。事務所の前に、消火器で必死に火を消す父親がおり、消防署には連絡したということでした。その時、急激に火の手が弱まり出したのです。

どうしたのだろうと見ていると、事務所の横壁から、怪しい人影が飛び出して来て、突然走り出しました。私は咄嗟にバイクで後を追いかけたんです。ところがその人物は、人間離れしたスピードで、堀川通りを走り抜けると、一条戻り橋の下へと逃げて行ったのです。

私はすかさず、橋の下を見ました。すると、手足が異常に長く、角の様な物が生えた何者かがいて、私と目が合った瞬間、その場で消えていなくなったんです。「宇宙人だ」思わず声に出して叫んでいたようで、犬を連れた男性が、こちらを驚いた様子で見ていました。

再び私が事務所に戻ると、そこには、消防隊員に頭を下げて謝っている父親の姿がありました。どうしたのかと聞くと、私がバイクで走っていった後、火の手は急激に弱まり、数秒後には、すっかり消えてしまったのだそうです。しかも、事務所の立て看板は完全に燃えてしまいましたが、あとは横壁が少し焦げた程度で済みました。出火原因は、表でたばこを吸っていた父親が、立て看板に、消えかけの吸い殻を捨てたことだったようです。火事は幸い大事に至らず良かったのですが、気になるのは、私が見た「宇宙人」の正体です。一緒に突き止めてもらえませんか。


勝穂君が、こう言うので、正体の究明に付き合うことにしました。というのも、私はなんとなく、正体に思い当たる節がありました。しかし、その目的までは、この時点ではわかりませんでした。取り敢えず、私の予想した正体について、彼に話しました。

一条戻り橋の下というのは、安倍晴明が式神《しきがみ》を隠した場所だといわれています。式神とは、晴明が手足の如く操った、妖怪や鬼のことです。式神は、式鬼神とも書き、鬼がその正体だったのでしょう。仮にこの説が正しければ、問題は、彼の父親の事務所に、何をしに現れたかという点です。そこで彼の父親が、どんな仕事をしているかを聞きました。

彼の父親はある大学の名誉教授で、「神仏習合」についての研究をされているとのことでした。しかも、火事騒ぎがあった事務所は、その「神仏習合」についての貴重な資料が置かれていたと言うんです。

これはあくまで私の仮説に過ぎませんが、安倍晴明が生存した時代に、明治維新後「神仏分離令」が出されることを予知しており、晴明は、再び「神仏習合」を願って自分の死後も、一条戻り橋に式神を置いてその手助けをするように命じていたのではないでしょうか。その根拠としては、「神仏習合」に関する大切な資料が灰になる所へ、式神が現れて、その資料を守るため、何らかの方法で火を消し止めたとは考えられないでしょうか。

この事を彼に話すと、彼はこう言いました。

「現代でいう宇宙人の存在も、案外この式神なのかもしれませんね。取り敢えず、今から一条戻り橋に行って、お礼を言ってきます」と、バイクを走らせ帰っていきました。

彼が帰った後、思い出したのですが、「一条戻り橋」は霊界との境目にある橋と言われており、渡るとあの世に行ってしまうとされています。ですから、「戻って来てはいけない」と、死者を送り出した橋なのです。

彼が無事戻ってくることを思わず私は祈りました。

土の中

「建てたばかりの家に、不思議なことが立て続けに起こる」という連絡を受け、私はその家に行きました。

外観は洋風ですが、中に入ると和風の造りになっており、家の真ん中あたりに箱庭のようなものがあります。まるで料亭にでも来たような感覚になりました。

早速、この家のご主人に、「どんなことが起こるのですか」とお伺いしました。ご主人は、少し気恥ずかしそうに話を始められました。

「私は大学で科学を教えていますので、非科学的なことを語るのはおかしなことだと思うのですが、科学では考えにくいことが起こっているんです。

たとえば、食卓で家族と食事をしていると、突然、大きな地震が起こりました。みんな慌てて外に出たんですが、隣近所の家は別段変わった様子はなく、ご近所の方に聞いても、地震なんかなかったと言われたんです。またある時は、家の廊下や寝室、押し入れの中などに、土がたくさん入っていたこともありました。建てたばかりなのに、急に停電になり、しばらく電気が点かなかったりしたこともありました。もちろん電気屋さんにも調べてもらいましたが、何も異常は確認できなかったんです」

ご主人は、非科学的な話をすることに、かなり抵抗があるようでしたが、何か霊のようなものの作用によってこの現象が起こったのではないかと、私に原因の追及を頼んでこられたわけです。

私は特に霊感があるというわけではありませんが、家の中を色々と見せてもらうことにしました。ですが、どの部屋にも高級そうな調度品が置かれており、そちらにばかり目を取られていました。

ご主人の書斎を見せて頂いたときに、幾つかの気になる物があったのです。ご主人の大きな机の上で立派な置物に囲まれているのに、そこだけは異様さをまとったように、色あせた物が置いてあったのです。それは、古い木で作られた人形に、傷だらけの水晶玉、さらには、木製のお札のような物でした。おそらく、何かのお祈りか、儀式で使う物だとわかりましたが、非科学的なことをあれだけ憚《はばか》られていたご主人にしては、おかしいと感じました。

これについてお聞きしたところ、

「旧家を壊しこの家を建てる際に、土の中から木の箱が出てきて、開けてみるとこれらが入っていました。何かはわかりませんが、古くて珍しいのでここに飾っているんです」

とおっしゃるのです。これを聞いた私は、この家で起こる、難解な出来事の原因がわかりました。

古来日本では、新しい家を建てる際に、その土地に貢ぎ物をします。地鎮祭などがそれにあたるわけです。その際、「鎮《しず》め物」といって、地中にお札や水晶玉などを埋めるしきたりがありました。もちろん現在でも珍しいことではありません。よく知られたことで言えば、お相撲さんが、土俵に上がる際に塩を撒くのも、地鎮のために行っているわけです。

私はご主人に尋ねました。「地鎮祭の時に、鎮め物はされましたか」すると、「地鎮祭自体行っていません。その時は、あれに何ら意味があるようには思っていませんでしたから」とおっしゃるのです。

そこで私は、中庭に、鎮め物をしてみましょうと提案し、次の日に、水晶や木札を箱に入れて、地中深くに埋め、読経をしました。その日以来、不可思議なことは起こらなくなったということです。

温故知新という言葉がありますが、古くからの習慣や文化には何か意味が必ずあるものです。現在、ご主人は「人生は科学的な物の見方だけでは、計り知れないことがあるものだ」と、大学の授業で学生たちに教えておられるそうです。

見える人

彼は「見えてしまう」と言います。

見えるとは、幽霊が見えるということのようです。

九州から京都の大学に入学し、卒業後、京都の高校の教師をしていました。彼との出会いは、私が彼の勤める高校に、講演に行ったときのことでした。私の話に共感し、もっと話が聞きたいと、時々お寺に遊びに来てくれるようになったのです。

ある日、彼は嬉しそうに「私に、もうじき彼女が出来るらしいんです」と言いました。「らしい」という人ごとのような表現に、私は違和感を感じ、「占い師にでも見てもらったの」と言うと、「私、占いは信じない質なんです」と答えました。では何故、この「らしい」という表現が出てきたのか、と尋ねたところ、彼は次のように教えてくれました。

——きっかけは、大学時代の夏休みのことなんですがね。趣味らしい趣味を持っていない友人三人が集まって、夏季限定サークルを作ったんです。夏季限定にした理由は、サークルを作ろうかと言い出した時期が夏であったのと、いい加減な人間の集まりだったので、どうせ長続きしないだろうと考えたからです。

　さて何をしようかとなった時、たまたま最新型のビデオカメラを持っていたので、これで何かを撮影しようとなりました。映画やドラマを撮るには、脚本やら小道具やらと、準備が大変なので、簡単に撮れるものにしようと話し合い、その結果、夏なので心霊スポットに行き、その様子を撮影してみようということになったのです。

　深夜、最初に向かったのは、京都の心霊スポットとしては、かなりメジャーな某池です。私がカメラを回し、後の二人が怪談話をしながら進むといった具合に撮影は始まりました。撮影開始から十分位したとき、私の後ろの方で、誰かの話し声がしました。私はカメラごと振り返ってみましたが、そこには誰もいませんでした。気のせいかなと思い、また撮影を続けると、やはり後ろで人の声がするのです。再び振り向きましたが、だれもいません。さすがに怖くなり、友人二人も何か気分がすぐれないと言うので、その日は帰ることにしました。

　一人部屋に戻った私は、怖かったのですが、どうしても気になって、撮影したビデオを再生してみました。すると、声がして振り返ったシーンで、二人の人影が映っていたのです。そして、二度目に振り返ったシーンでは、さらにはっきりと人影が映っていたのです。恐怖のあまり、トイレに行きたくなりました。すると、トイレの外で、何やら話し声がするのです。内容までは聞こえないのですが、明らかに撮影時に聞こえてきた声でした。そして、その声はだんだんとはっきり聞こえてきたのです。

それは男性の声で、「ねえ、ねえ、聞こえてるんでしょ。早くトイレから出ておいでよ」と言うんです。私が、「あなたは誰ですか」そう言うと、「やっぱり聞こえてるのか。怖くないから出ておいで」と答えが返ってきました。その声があまりにハッキリ聞こえたことと、優しそうな声に感じたので、不思議に恐怖心が薄らぎました。そして、そっとトイレのドアを開けて部屋を見ると、そこには背広姿の男性が二人立っていました。

「こんにちは」男性二人が挨拶をしてきたので、思わず私も「こんにちは」と挨拶を返しました。そこで気がついたのですが、二人とも、うっすらと透けているんです。それなのに恐怖心はさらに薄らいでいました。

「どちらさんですか」私が投げかけた問いに、「見えるんですね。私たちは数年前、病気で死んだんですが、たまたま、あの池に行ったとき、あなたの後ろにいると、カメラでこちらを撮られるので、見える人かなと思って付いてきたんです」と言うのです。

死んでからも、生きている人間とあまり変わらない感じでした。信じてもらえないとは思いますが、男性二人と、明け方近くまで色々と話をしたんです。

それ以来、二人は度々、深夜に私の部屋を訪ねてくる様になりました。こんな話を人にしても馬鹿にされるので、誰にもこのことは、話したことがありませんでしたが、今回は、うれしさのあまり、住職さんにだけは話したかったんです。

昨夜、二人が部屋に来たとき、携帯電話に間違い電話が入りました。若い女性のようでした。携帯を変えたばかりで、使い方がよくわからず、番号を押して友達に電話したら、間違って私に掛かってしまったと言うのです。

それを横で見ていた幽霊の二人が「あなたの結婚相手はその子です」と言うんです。そんな馬鹿なと思っていたんですが、再び、その女の子から電話が掛かってきました。そして、間違い電話を掛けたときに、私の言葉に九州弁訛りがあったと気づいたようで、「九州出身ですか」と聞かれるのです。そうですすと答えると、「実は私も九州なんです」と言うんです。しかも、九州は長崎という所も一緒でした。さらに、彼女が現在住んでいるところも京都市内だったんです。そこで、一度会いませんかと誘われ、会う日時と場所を決めて電話を切りました。

幽霊の二人から「良かったね」と祝福を受けました。そして「あなたは、彼女と婚約して、九州に帰り、彼女と薬局をしながら幸せに暮らすでしょう」と言うのです。

彼は嬉しそうに、そう報告してくれました。正直この時は、彼の話に半信半疑でしたが、その後、数ヶ月が経った頃、幽霊の言った通り、彼は彼女と結婚しました。そして、彼女の実家が薬局をしており、現在、二人は長崎で薬局をしております。

ここまでくると、彼の言ったことは本当だったんだろうと思いましたが、さらに私が、この話は真実だと確信づけることが起こりました。それは、幽霊の男性二人が、私の夢の中に出てきて、こう言ったんです。

「私たち二人は、彼の親戚にあたる者で、二人とも病気で、四十歳代で死んだんです。今後、彼には私たちが、見えないようになりますので、結婚おめでとうと伝えてください」

このことを九州の彼に伝えたところ、四十歳代で死んだ男性の親戚が二人いるとのことでした。そして、それ以来、彼には幽霊が見えなくなったそうです。

果たして、幽霊の二人は、彼を結婚させるために現れたのか、偶然の出来事だったのか、今は知るすべもありません。

子育て飴

先ほどの鬼子母神の立本寺では、「幽霊・子育て飴」という飴が売られています。何故、お寺に飴が売られているのかというと、これには悲しい物語があるのです。

むかしむかし、京都は東山の飴屋さんでの出来事です。ある日の夜、閉店後に「飴を売ってください」と、ある女性の声がしました。店主が戸を開けて出てみると、そこには、乱れきった長い髪をした若い女性が立っていました。真っ青な顔をして、「飴を売って下さい」と、小銭を出してきたのです。店主は怪しく感じましたが、その女性がとても悲しそうな目をしているので、何か訳があるのかもしれないと思って、飴を売りました。

明くる日の夜も閉店後に、昨夜来た女性が「飴を売って下さい」と小銭を持ってきました。そんなことが、六日間も続きました。そして七日目の晩に訪れた女性は、いつもと違い、その手に着物を持っていたのです。そして「もうお金がなくなったので、どうかこの着物と交換に、飴を下さい」と言うのです。店主は訳を聞きませんでしたが、よほどの理由があるのだろうと、着物を受け取り飴を渡しました。次の日、店先に昨夜交換した着物を干していたところ、身なりの良い男性が声を掛けてきました。「この着物をどこで手に入れたのですか」と尋ねてくるのです。

店主が、昨夜の話をすると、その男性は、大変驚いた様子で、「その着物は、つい先日亡くなった自分の娘の棺桶に入れた物です」と言うのです。戸惑った店主は、男性と共にその娘のお墓へと行きました。すると、その墓の下から赤ちゃんの泣き声が聞こ

えてきたのです。慌てて掘り起こしてみると、棺桶の中には、生まれたばかりの赤ちゃんを抱いた娘の姿がありました。そして、その手には飴屋さんが売った、飴が握られていたという話です。

これは、まだ日本が土葬だった頃にあった話です。臨月の時に亡くなった女性が、棺桶に入ってから、子供が生まれたので母乳をあげられない代わりに、幽霊となって飴を買い、それを赤ちゃんに与えていたのです。その後、赤ちゃんは、立派な僧侶になって母親を供養したそうです。その飴屋さんは、京都の東山で、今も飴を売っておられます。

これによく似た話を私は経験したことがあります。

ある夜、滋賀県に用事があり、助手席に家内を乗せて、京都に帰る途中の出来事でした。滋賀県から京都に入り東山辺りまで来たとき、突然家内が「あの女の人、こんな夜更けに、どうされたんでしょう。何か落とされたんでしょうか。引き返して一緒に捜してあげたらどうでしょうか」と言うのです。

私には見えなかったのですが、何か捜し物なら助けてあげようと思い、その場所まで引き返しました。すると女性が誰かの名前を呼びながら捜しているようでした。取りあえず近くに車を止め、家内とその女性に近づき声を掛けようとしたとき、子供が現れその女性に抱きつきました。どうやら子供を捜しておられたようです。二人は手を繋ぐと、仲良く歩き出しました。

家内と、良かったなと話しながら見ていると、なんと二人は、道路から浮いて、宙に消えて行ったのです。私と家内は同時に顔を見合わせ、すぐに車に戻りました。

次の日、家内が新聞を見て、慌てて私に見せにきました。そこには昨夜、私たちが親子を見た場所で、子供を乗せた母親が車で事故を起こし、母親は車の中で、子供は外に放り出されて亡くなられたという記事が載っていました。昨夜の二人は、おそらくこの親子だったのでしょう。私と家内は、二人の冥福を祈りました。

この話は、奇しくも両方とも京都東山の話です。この道を通る度に私は考えます。幽霊となっても尚、子を思う母親たちは、幼児虐待のニュースなどを、どのように思っているのだろうかと。

お地蔵さん

京都の町を三十分も歩けば、必ずお地蔵さんの前を通ることになります。おそらく、日本一、お地蔵さんが多い町ではないでしょうか。しかも、その一体一体が、雨ざらしにならないように、必ず祠の中に入っております。すごいものでは、その祠が傷まないように、祠のための祠を造ってあるものも少なくありません。

お盆には、地蔵盆といって、町内の子供たちを集めてお坊さんと一緒にお地蔵さんにお参りする風習が、京都だけでなく、関西地区では現在も多く残っています。今回は、そんな地蔵盆でのお話です。

地蔵盆の時期が来ると、色々な町内に行き、その町内の人たちや子供たちと一緒に、お地蔵さんにお経を上げます。お経が終わると、子供たちは、お菓子やおもちゃを受け取って、各々遊ぶという事になっています。大半の子供たちは、それが目的なのでしょう。

その日も、地蔵盆のお経を上げ終えて、お菓子やおもちゃをもらった子供たちが、まわりで遊ぶ中、私は町内の方たちとお茶を飲みながら談笑していました。

すると、子供たちが「お地蔵さんの顔にひびが入った」と言って騒ぎ出しました。見てみると、確かに先ほどはなかったひびが顔に入っているのです。子供たちの話では、突然、「ピシッ」という音がして、顔にひびが入ったというのです。

町内の役員さんもみんな集まっておられたので、そこで話し合った結果「ひびが入った程度なので、このままでいいだろう」ということになりました。しかし、これを聞いていた老人会の方たちが、烈火の如く反対されました。「すぐに新しいお地蔵さんを立てなくては大変なことになる」と言うのです。しかし、役員さん方も「町内会のお金は、他に使う予定が決まっているから、無理だ」と言って、押し問答が始まりました。子供たちがいる中で、これはいけないと思った私は、間に割って入り、こう聞きました。

「老人会のみなさんがおっしゃる、大変なこととは何ですか」

「火事です。以前に全く同じ事があり、その時も、またそのうちに直そうと、放っておいたら、その年に三軒も全焼したんです」と教えてくれました。

　この会話を聞いていた役員さん方は、「それなら今年は、例年以上に火事に気をつければいい。お地蔵さんと火事に、関係なんかない」と、あくまで今年は直さないという感じでした。私は、次の地蔵盆へ行かなくてはならず、そこまで話を聞いて、その町内を後にしました。後日、気になって、その町内を訪ねると、結果、今年はこのままにしておくことになったということでした。

　そんな話も忘れかけていたある冬の日、その町内にあった繊維工場から深夜に出火し、一軒の民家にも飛び火する大火事となったのです。

　その数週間後、町内会長さんから、「すぐに来て下さい」という連絡がありました。行くとそこには、町内役員と老人会の方々が来られていました。

「お坊さんに、今からお経をお願いしたいんです」そう言われて、案内されたのは、あのお地蔵さんの前でした。驚いたことに、そのお地蔵さんは、色が真っ黒になっていたのです。同じ町内といっても、祠の中にいるお地蔵さんだけが、すすをかぶるような事はないはずです。それを見て驚いている私に、町内会長さんはこう言われました。

「あの深夜の火事で、子供が一人、逃げ遅れたんです。しかし不思議なことに、子供が居た部屋だけは焼けずに残っており、子供も無事でした。しかも助け出された子供は、お地蔵さんと遊ぶ夢を見ていたらしく、火事にも気がつかないほどだったようです。その話を聞いて、お地蔵さんのことを思い出したので来てみると、こうなっていたんです」

その声は少し震えていました。

この日からすぐに、この町内のお地蔵さんは、新たに作り直されることになりました。現在は、三体のお地蔵さんが、そこには飾られています。そのうち二体は、黒い色をしていたのですが、毎年、お盆になると、子供たちの手によって色とりどりにお化粧がされます。

何故京都には、お地蔵さんがここまで多いのかという理由については、明確なことはわかっていません。しかし、見守って下さっていることに、間違いはないでしょう。

如何でしたでしょうか。京都の過去が、現在にも影響しているということがおわかり頂けたでしょうか。しかしこれらは、京都だけに限ったことではない

のかもしれません。

「過去の自分の行いが、今の自分の状況を創り、今の自分の行いが、未来の自分を形創る」といった意味のお経の言葉があります。

今の私たちの幸不幸は、過去の行いから出来たものです。ですから、未来の私たちが幸福であるためには、現在の行いを正しきものにしなくてはならないのです。今を生きる私たちが、未来に生きる子孫のために、善き行動をし、善き未来を残すことは、やがては、過去の人間となる私たちの義務であり、責任であると思います。

あとがき

「昔々あるところに……」で始まる昔話に、色々な教訓を学びました。幼い頃は本気で、嘘をつくと舌を抜かれてしまうと思っていたこともあります。しかし、年を追う毎に、嘘をついても舌を抜かれるなんてことはないとわかりました。

科学万能の世界で、目に見えないものの存在を忘れていったのです。

しかし僧侶となって、世の中には、目に見えないものが多くあり、それらを蔑《ないがし》ろにしてはいけないと知りました。

たとえば「心」です。

「あなたは心を持っていますか」と聞くと、「もちろん心は持っています」と答えが返ってきます。「ではあなたの心は何色ですか。どんな形をしてますか。どこにありますか」と聞くと、納得のいく答えは返ってきません。「心は持っている」と確信してはいますが、その姿さえ見たことはないのです。仮に、科学的に心の仕組みが解明されたとしましょう。それでも、私たちが心を持って生まれた目的までは、科学がいくら進んでも証明することは出来ないと思います。

人間は何故生きているのでしょうか。その目的の一つに、「自己の存在証明」があるように思います。子供がテストで良い点を取るのは、親や先生に、自分を認めて欲しいから、私たちが働くのも、何処かで誰かに認めて欲しいという欲求があるからではないでしょうか。これは、私たち生きている人間だけでなく、亡くなられた方々も、もしかしたら、「存在証明」を欲しがっているのかもしれません。

「私はここにいるよ……」

と。

平成二十三年初夏　京都・蓮久寺にて

三木大雲

文春文庫

怪談《かいだん》和尚《おしょう》の京都《きょうと》怪奇譚《かいきたん》

定価はカバーに表示してあります

2011年7月10日　第1刷
2023年8月25日　第7刷

著　者　三《み》木《き》大《だい》雲《うん》
発行者　大沼貴之
発行所　株式会社 文藝春秋

東京都千代田区紀尾井町 3-23　〒102-8008
TEL　03・3265・1211㈹
文藝春秋ホームページ　http://www.bunshun.co.jp

落丁、乱丁本は、お手数ですが小社製作部宛お送り下さい。送料小社負担でお取替致します。

印刷・大日本印刷　製本・加藤製本
Printed in Japan
ISBN978-4-16-780151-9